Astrologie in der Renaissance

Eugenio Garin

ASTROLOGIE IN DER RENAISSANCE

Aus dem Italienischen
von Eleanor Lackner

Campus Verlag
Frankfurt/New York

Die italienische Originalausgabe erschien 1976 unter dem Titel *La zodiaco della vita. La polemica sull'astrologia dall Trecento al Cinquecento* bei Editori Laterza.

Redaktion: Matthias Grässlin

Garin, Eugenio:
Astrologie in der Renaissance / Eugenio Garin. Aus dem Ital.
von Eleanor Lackner. – Frankfurt/Main; New York:
Campus Verlag, 1997
Einheitssacht.: La zodiaco della vita <dt.>
ISBN 3-593-35328-8

Satz: Fotosatzstudio »Die Letter«, Hausen/Wied
Druck und Bindung: Druckhaus Beltz, Hemsbach
Gedruckt auf säurefreiem und chlorfrei gebleichtem Papier.
Printed in Germany

Inhalt

Einleitung

Die Tränen, das ist Kronos. Die Zeugung ist Zeus. Der Logos ist Hermes. Der Zorn ist Ares. Mond, so heißt der Schlaf. Aphrodite heißt das Verlangen. Sonne aber heißt das Lachen; denn der Sonne wegen lachen die Geister der Sterblichen und der Kosmos ohne Ende. *Stobaeus, I,5,14; fr. Herm. 29*

In der Einleitung zum ersten Band *Catalogus codicum astrologorumGraecorum*, der im Jahre 1898 erschien und bis heute ein unverzichtbares Arbeitsinstrument darstellt, gab Franz Cumont eine Reihe bedeutsamer Hinweise. Zunächst hob er hervor, daß noch riesige Mengen unerforschter »astrologischer« Materialien nahezu vergessen in den Bibliotheken schlummerten. Wer die Wechselfälle der menschlichen Wahrheitsfindung verstehen wolle, so betonte er gleichzeitig, der müsse nicht nur die »Irrtümer«, sondern auch die Errungenschaften der Forschung – ihre *clarissima inventa* – zur Kenntnis nehmen. Cumont dachte nicht nur an die astrologischen Schriften der Griechen, die sowohl Magie als auch Alchimie betreffen; er hatte gleichzeitig ihre kulturelle Herkunft bei Ägyptern, »Chaldäern« und Indern, ja ebenso das Nachleben dieser Texte im arabischen, lateinischen und byzantinischen

Mittelalter vor Augen. Er wußte, daß sich in der astrologischen Literatur religiöse und »wissenschaftliche« Themen, Mythos und Logos, Spiegelbilder von realen Ereignissen und Phantasiegebilde zu einem schwer durchschaubaren Komplex verbanden. Einige Jahre später, in den 1905 in Paris gehaltenen Vorlesungen über die orientalischen Religionen im römischen Heidentum (*Les religions orientales dans le paganisme romain*), insistierte der belgische Orientalist ausdrücklich auf dem religiösen Charakter der Astrologie, der sich stets »auf Kosten der Logik« behaupte: »Die Planeten und Sternbilder waren nicht nur kosmische Kräfte, deren günstige oder unheilvolle Wirkungen sich den Wechselfällen einer von Ewigkeit her bestimmten Laufbahn gemäß abschwächten oder verstärkten. Sie waren Gottheiten, die sahen und hörten, Freude oder Trauer empfanden, Stimme und Geschlecht besaßen, fruchtbar oder unfruchtbar, hold oder wild, nachgiebig oder herrisch waren«. Die seinerzeit angewandten Klassifikationen und Unterscheidungen zwischen »religiöser« und »wissenschaftlicher« Astrologie trugen der Tatsache nicht Rechnung, daß ältere Glaubenselemente hier ständig wiederkehrten – selbst in den strengsten »mathematischen« Traktaten. Nicht umsonst nimmt in den folgenden Bänden des *Catalogus* (und in dem ähnlich angelegten Katalog der alchimistischen Handschriften) die Zahl der thematischen oder chronologischen Querverweise zu, wobei sich spätere Texte oft als getreue Übersetzungen älterer Originale entpuppten. Angesichts der Komplexität astrologischer Themen, die so vielfältige Strömungen in sich aufgenommen hatten, nahm Cumont an, daß die Entwicklungsgeschichte der Wissenschaften und Glaubensvorstellungen nur dann zu rekonstruieren sei, wenn man auch die Astrologen befragte, die ja oft nichts anderes taten, als irdische Ereignisse an den Himmel zu projizieren.

Im Jahre 1937, fast vierzig Jahre später (als vom *Catalogus* inzwischen 17 Bände erschienen waren), veröffentlichte Cumont in Brüssel ein aufsehenerregendes Buch, das nicht nur für Historiker von Wert ist, sondern auch für Philosophen (vorausgesetzt, es gibt Philosophen, die derartige Bücher lesen). Das Werk selbst hat eine nicht uninteressante Vorgeschichte. Der bekannte Gelehrte Wilhelm Gundel, dessen Buch *Dekane und Dekansternbilder* 1936 in den *Studien der Bibliothek Warburg* erschienen war, hatte in einem lateinischen Manuskript der Renaissance (der Codex Harleianus 3731 der British Library, aus dem Jahre 1431) ein *Liber Hermetis Trismegisti* gefunden: es handelte sich um die Übersetzung einer astrologischen Sammlung, die auf ein griechisches Original der alexandrinischen Epoche, ja in einigen Teilen sogar auf das 3. Jahrhundert v. Chr. zurückging. Noch im selben Jahr edierte Gundel den Text mit einem ausführlichen Kommentar in den *Abhandlungen* der »Bayerischen Akademie der Wissenschaften« (München 1936). Andere Handschriften dieses Textes waren nicht bekannt; gleichwohl war er im Mittelalter nachweislich verbreitet, wie ein Pariser Manuskript beweist, das ursprünglich für Maria von Luxemburg (gest. 1324) verfasst wurde und in dem sich, verfaßt in pikardischem Französisch, die Version eines bedeutenden Kapitels wiederfand. Gundels Untersuchungen demonstrierten eindrucksvoll, welche Bedeutung dem *Liber Hermetis* für die Rekonstruktion der antiken Astrologie zukommt: es beinhaltet nicht nur die Lehre der 36 vergöttlichten Dekane, die sich in 360 Grade der Sphäre teilen, sondern auch die Aufzählung der 72 Fixsterne, die sich wiederum mit dem Katalog des Hipparch in Verbindung bringen läßt.

Cumonts Leistung ist freilich noch bedeutsamer, in jedem Fall aber beeindruckender. Der belgische Orientalist konnte auf die Ergebnisse jener geduldigen Textstudien aufbauen, in denen Gelehrte wie Franz Boll oder Wilhelm Kroll griechische oder lateinische Astrologen wie Vettius Valens oder Firmicus

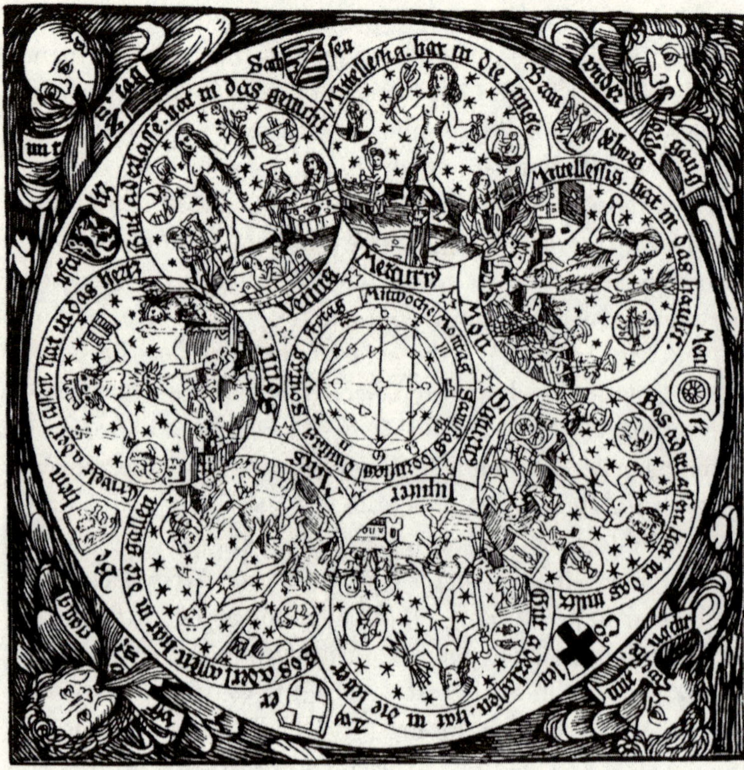

1 Das Planetensystem in astrologischer Ausgestaltung. Holzschnitt vom Ende des 15. Jahrhunderts.

Maternus untersucht hatten; er war gleichzeitig davon überzeugt, daß sich am Ende der Antike der kritische Geist abschwächte und stattdessen nur noch »respektvoll der Inhalt archaischer Bücher kopiert wurde, die man verehrte, als seien es mystische Offenbarungen göttlicher Weisheit«. Mit Hilfe des *Liber Hermetis* und verwandter Texte rekonstruierte Cumont ein sprechendes Bild der moralischen und sozialen Situation im hellenistischen Ägypten. Projiziert der Astrologe die Wechselfälle der Menschheitsgeschichte an den Himmel, um auf »göttlicher« Ebene verborgene Rhythmen oder Tiefenstrukturen zum Vorschein zu bringen, so holt der Historiker die Daten, Bezüge und Ereignisse gleichsam vom Himmel wieder auf die Erde zurück, um ihre ursprüngliche Dimension zu restituieren. Dämonen und Götter, Sterne und Himmelsbilder werden ersetzt durch Könige und höfisches Treiben, durch Condottieri und Beamte, Handwerker und Gewerbe, Kulte und Priester; und es ergibt sich eine zuverlässige und dichte Beschreibung bis hin zu Alltagsgewohnheiten, Problemen öffentlicher Sicherheit oder der Bedrohung des platten Landes durch Räuber und Diebe. Astrologen befragt man nicht nur über den Ausgang von Reisen, sondern auch über die Möglichkeit, Diebesgut wiederzuerlangen, Räuber zu stellen oder Kurtisanen zur Räson zu bringen. »Die Doktoren der Sideralwissenschaft«, meinte Cumont ironisch, »der strenge Ptolemäus eingeschlossen, erstellen seitenlange Kataloge erotischer Verirrungen, ja widmen sich dieser Aufgabe so abgeklärt und so schamlos wie Statistiker.« Die Erklärung menschlicher Besonderheiten, aber auch die Ursache merkwürdiger Naturphänomene finden die Astrologen in den Sternen. In den astrologischen Traktaten wird diese Weltauffassung ausgeführt: »Maßlos und lasterhaft«, so behauptet etwa der *Liber hermetis*, »wird man durch Venus, die zwischen Männern und Frauen Paarungen aller Art, Ehen und Vereinbarungen stiftet ... Venus ist auch der Ursprung von Hurer und Huren, die Schändliches treiben« (*facit fornicatores et fornicatrices turpia facientes*). Ein ganzes Kapitel ägyptischen Lebens fand Cumont in der astralen Bildwelt versammelt, und gleichzeitig eine Weltauffassung, die auf genauen Entsprechungen von Himmel und Erde, von Makrokosmos und Mikrokosmos basierte. Es zeigte sich jedoch, daß die Doppeldeutigkeit und Komplexität der Astrologie ihre erschöpfende und umfassende Erforschung notwendig machte. Wollte man zu einer richtigen Einschätzung der Vergangenheit gelangen, so waren nicht nur die Anfangsphasen in den Blick zu nehmen, in denen die Astrologie aufblühte und Bedeutung erlangte, sondern ebenso die Epochen, in denen astrologisches Denken in Frage gestellt wurde oder in eine Krise geriet.[1]

Die antike Astrologie situierte sich am Schnittpunkt verschiedener, bisweilen durchaus widersprüchlicher Ideen: man denke etwa an die Differenz zwischen der »Genethialogie« (d.h jener Determinationstheorie, die behauptet, man könne Vorhersagen nur aus dem Zeitpunkt von Geburt oder Empfängnis ableiten) und der »katarchischen Astrologie« (die davon ausgeht, daß uns – auf der Basis eines momentanen Horoskops – jederzeit Wahlmöglichkeiten verbleiben). In jedem Fall gründet die antike Astrologie auf dem geozentrischen Weltbild eines endlichen Universums: kraft ihrer Perfektion dominieren die Himmelssphären die sublunare Welt, die ihnen kausal untergeordnet ist; gleichzeitig fungiert ein »göttlicher« Himmel als Quelle von Bewegung und Licht, von Wärme und Leben. Doch auch wenn die hellenistische Astrologie, die im Renaissance-Zeitalter zu neuer Blüte erwacht, in dieser Weise zutreffend charakterisiert ist, kann man kaum annehmen (wie noch jüngst David Pingree in seinem Artikel »Astrologie« im *Dictionary of the History of Ideas*), daß jede Astrologie, insofern sie »die Einwirkungen der Himmelskörper auf die sublunare Welt untersucht, ein geozentrisches und endliches Universum voraussetzt«. Georges Sarton wies in einer im April 1954 an der Universität von Nebraska gehaltenen *Montgomery Lecture*[2], worin freilich das Einschreiten des Staates gegen die Astrologen der Gegenwart gefordert wird, auf drei zentrale Aspekte hin:

1. Die Voraussetzungen der Astrologie sind unabhängig vom geo- oder heliozentrischen Charakter des Planetensystems.
2. Nach dem Sieg des kopernikanischen Systems verschwand die Astrologie keineswegs, sondern florierte weiterhin.
3. Ein Kepler erstellte nicht nur eigenhändig Horoskope, sondern hielt der Kritik Pico della Mirandolas »die empirische Tatsache einer Störung sublunarer Naturen bei Planetenkonjunktionen und -aspekten« entgegen, »die so konstant bezeugt sei, wie im Reiche der Natur eben nur möglich (*constantissima...quantum in naturalibus sperari potest ... experientia*); diese Erfahrung habe ihn, Kepler, »... überzeugt und alle Vorbehalte besiegt« (*edocuit et reluctantem vicit*). Im übrigen könne man nicht leugnen, daß Himmel und Gestirne mittels ihrer Strahlung auf verschiedene Art und Weise Einfluß ausüben, »so wie Gegenstände auf die Sinne, das Licht auf die Augen, der Klang auf das Gehör, die Wärme auf den Tastsinn einwirken ...«[3] Es erscheint ihm wichtig, daß es möglich sei, durch eine *constantissima experientia* »wahre« Gesetze und wesentliche Strukturen zu beweisen und alle launischen, zufälligen oder bloß erträumten Kräfte zu eliminieren. In seiner *Philosophie der symbolischen Formen* erinnert Cassirer in diesem Zusammenhang an die Polemik zwischen Patrizi und Kepler. Die Bemühungen der mathematischen Astronomie, den Gang der Planeten durch Umlaufbahnen bestimmen zu wollen, die auf verschiedene Weise (durch Zyklen und Epizyklen) miteinander kombiniert werden, hielt Patrizi für völlig überflüssig.

Die Planeten, so argumentierte er, sind nichts anderes als dämonische Wesen, die den Äther mit wechselnder Geschwindigkeit und auf verschiedenen, seltsam verschlungenen Wegen durchlaufen. Für Kepler hingegen sollte die mathematische Astrologie die wahre Ursache der Sinnestäuschungen aufdecken, um echte Bewegungen von bloß scheinbaren zu unterschieden und »die Einfachheit und geordnete Regelmäßigkeit ihrer Umlaufbahnen« zu definieren. Freilich spricht nichts dagegen, auch hinter mythisch-religiösen Spekulationen über »Einflüsse« oder »Bilder« noch eine rationale Struktur anzunehmen, die den Prinzipien wissenschaftlicher Erkenntnis im Sinne des ptolemäischen *Tetrabiblos* gehorcht, d.h. sich strengen Berechnungen und Definitionen fügt. Die Polemik zwischen Kepler und Patrizi ist die Fortsetzung eines alten Streits, den Aby Warburg einmal treffend charakterisiert hat: die Astrologie, so meinte der Kunsthistoriker, sei ein exemplarischer Treffpunkt zwischen dem rational-systematischen Anspruch griechischer Wissenschaft und dem mythisch-abergläubischen Erbe des Orients, ein Ort also, wo Logik und Magie, Mathematik und Mythologie, Athen und Alexandria zusammenstoßen. Bereits Goethe war aufgefallen, daß »ein großer Teil des sogenannten Aberglaubens aus einer falsch angewandten Mathematik entsteht«. Aby Warburg wies seinerseits darauf hin, daß der »neuzeitliche Wissenschaftler« stets »zwischen magischen Praktiken und kosmologischer Mathematik schwankte«.[4]

Weil nur schwer die Grenze festzustellen ist, wo Athen beginnt und Alexandria endet, ist es auch keine leichte Aufgabe, Athen vor Alexandria zu retten. Ebenso schwer fällt die Unterscheidung zwischen einer rationalen Naturgesetzlichkeit und der »irrationalen«, aber gleichwohl real wirksamen Kraft eines

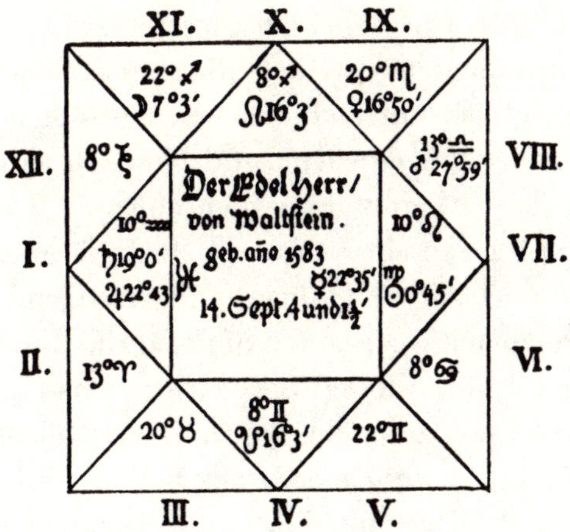

2 *Johannes Kepler 1608,*
Wallensteins Horoskop für die Zeit von 1583 bis 1609.

Gebetes oder einer Beschwörung. Ob Ptolemäus oder Kopernikus, ob Aristarch oder Galilei – keiner scheint stark genug, den finsteren Einfluß Saturns auszumerzen; über der Gesamtheit des mathematisch-physikalischen Wissens lastet der zwielichtige Schatten des Pythagoras. Freilich, die Konzeption der Humanwissenschaften ist schon *per definitionem* niemals rein und unbefleckt. Die »reine Vernunft« hat sich schon oft genug als schierer Mythos oder als Ideologie erwiesen; im besten Fall ist sie eine regulative Idee im Sinne Kants.

Ein anschauliches Exempel für dieses undurchschaubare Geflecht von Theorie und Praxis, Begriffen und Gefühlen, Mythen und Begründungen ist nun gerade der Streit um die Astrologie während der frühen Neuzeit. Der Beginn der Moderne repräsentiert jenen Zeitraum, als antike Vorstellungen in eine Krise kamen, untergingen oder erneuert wurden, während gleichzeitig die Wissenschaften begannen, ihre Methodik zu bestimmen. Als universale Weltauffassung betraf die Astrologie eine Vielzahl von Aspekten; der erregte Streit über ihr Pro und Contra tangierte letztlich alle menschlichen Tätigkeiten. Im Vergleich der unterschiedlichen Positionen zeigen sich freilich auch die Widersprüche und Grenzen astrologischen Wissens. Für die Vorkämpfer der menschlichen Willensfreiheit war der Kampf gegen ein »astrales Schicksal« das Gebot der Stunde; doch auch die Verteidiger eines strengen Determinismus besaßen einen ausgeprägten Sinn für die Rationalität der Naturgesetze und die Einheit der Natur: »Das Fatum regiert die Welt; durch Gesetze ist alles bestimmt zur Gewißheit« (*fata regunt orbem, certa stant omnia lege*). Während der Kampf gegen Magie und Aberglauben rationalistisch, ja aufklärerisch gefärbt scheint, so betont die Berufung auf Sinnlichkeit und Leidenschaft – also auf tiefenpsychologische Kräfte, Träume und abnorme Geisteszustände, die sich der Anstrengung des Begriffs entziehen – nicht nur die Existenz realer Kräfte und eine bislang unerforschte Erfahrungsdimension, sondern antizipiert auf diesem Gebiet bereits die progressivsten Forschungen der Moderne.

Die Überlegungen der »Konjunktionisten«, der Verfechter »großer Zyklen« und eines geregelten Wechsels von Religionen und Zivilisationen, erhellen nicht nur die »Zyklen« Vicos, sondern auch die Vorraussetzungen jüngerer Geschichtsphilosophien und Denkmotive. Einige Hauptprobleme menschlichen Denkens erscheinen in neuem Licht: Natur und Gesetz, Bedeutung und Stellung des Menschen im Kosmos, Wert und Nutzen mathematischer Methoden, die Rhythmen der Erfahrung und ihre Widersprüche. Im Spiegel der Astrologie-Debatte wird aber auch der Zusammenhang zwischen wissenschaftlicher Forschung und künstlerischem Schaffen, politischem und religiösem Leben besser verständlich. Die »lebensvolle« Plastik der großen Kunst und die Herausbildung einer Nachahmungstheorie verleihen der Sprache der Magie eine neue Qualität. Schließlich erhellen diese Debatten die verschlungene Suchwanderung der »Wissenschaft«, ihre prekäre Selbstbehauptung zwischen ständigen Illusionen und unzulässigen Übertreibungen. Eine berühmte Passage Ernst Mach's kommt uns hier in den Sinn: »Die französischen Enzyklopädisten ... glaubten, sie seien beinahe an jenen Punkt gelangt, von dem aus sich die gesamte Natur physikalisch-mechanisch erklären lasse. ... Wir empfinden Sympathie für diese freudige Selbstsicherheit der Vernunft, die geschichtlich einzigartig dasteht. Doch heute, ein Jahrhundert später, sind wir vorsichtiger geworden. Das Weltbild der Enzyklopädisten kommt uns vor wie eine mechanistische Mythologie, die der animistischen Mythologie der Antike gleichsam entgegengesetzt ist. Beide Auffassungen entspringen der illegitimen und fabulösen Ausweitung von Teilwahrheiten.«

Freilich kommt menschlicher Forschergeist ohne solche willkürlichen Übertreibungen, ohne phantasievolle Versuche einer Gesamtschau nicht voran. Auch Ernst Mach hat in dem zitierten Werk nur seine eigene Anschauung dargestellt, die ebenso partiell und letztlich nicht besser fundiert war als astrologische, animistische oder hermetische Auffassungen. Er glaubte, die Menschheit könne sich »langsam, aber sicher einer einheitlichen Weltanschauung« annähern, wenn sie nur »der Ökonomie des gesunden Menschenverstandes« folge. Freilich räumt er ehrlich ein: »Die höchste Philosophie des Naturforschers besteht eben darin, eine unvollendete Weltanschauung zu ertragen und einer scheinbar abgeschlossenen, aber unzureichenden vorzuziehen.«[5] Der heftige Streit um die Astrologie, der genau in der Geburtsstunde neuzeitlicher Wissenschaft ausbrach, trägt also dazu bei, die Wechselwirkungen zwischen visionären Einsichten und konkreter Einzelforschung besser zu verstehen; gleichzeitig wirft er ein scharfes Licht auf die astrologischen Positionen selbst und erhellt ihre komplexe, ja widersprüchliche Natur.

Die nachfolgenden Seiten entsprechen vier Vorlesungen, die im April und Mai 1975 am Collège de France gehalten wurden; nur einige bibliographische Anmerkungen wurden hinzugefügt. Der Text selbst blieb unverändert und soll den Charakter einer mündlichen Darlegung bewahren, ohne vertiefende Beweisführungen und Belege, die der Autor an anderer Stelle vorgelegt zu haben meint. Die folgenden Seiten verstehen sich daher nur als einfache und bündige Schlußfolgerungen aus diesen Forschungen. Besonderen Dank schulde ich André Chastel, der diese Vorlesungen ermöglichte und dem sich der Autor nicht nur in langer Freundschaft, sondern auch durch Nachbarschaft der Arbeitsgebiete verbunden fühlt. Ein herzlicher Dank geht auch an Marcel Bataillon und Marie-Thérèse d'Alverny für ihre freundliche Aufmerksamkeit und ihre wertvollen Ratschläge.

Florenz, April 1975 – Januar 1976

Erstes Kapitel

Astrologie und Geschichte

Albumasar und die »großen Konjunktionen«

I.

Das Bild, das seit einiger Zeit von der geschichtlichen Entwicklung der Astrologie gezeichnet wird, ist von schlichter Einfachheit: erst die Renaissance, so wird behauptet, habe zwischen einer religiös-abergläubischen und einer kritisch-wissenschaftlichen Einstellung zur Astrologie unterschieden; Antike und Mittelalter hingegen hätten beide Aspekte mehr oder weniger miteinander identifiziert und gemeinsam mit dem Terminus *astrologia* bezeichnet. Die Araber nannten die Astrologie bekanntlich »Wissenschaft (oder Kunst) der Dekrete der Sterne« bzw. »Wissenschaft der Dekrete«; die Lateiner sprachen von einer *scientia iudicorum stellarum*, woraus die Begriffe *astrologia iudicaria* oder *astronomia iudicorum* abgeleitet wurden. Nach der neueren Historiographie wurde diese divinatorische Astrologie in der Renaissance endgültig von einer mathematischen Astrologie *(astrologia quadrivalis* oder *doctrinalis)*, d.h. der Astronomie im heutigen Sinne, unterschieden und schließlich überwunden.[1]

Bereits Ptolemäus hatte freilich in der Einleitung zum *Tetrabiblos* (bzw. *Quadripartitum*) die Wissenschaft von den Gestirnen in zwei Disziplinen eingeteilt: der erste, bedeutsa-

mere Teil untersucht Konfiguration und Erscheinung der Bewegungen (*schêmatismoùs tôn kinêseôn*) von Sonne, Mond und Himmelskörpern – sowohl an sich, als in ihren Wechselbeziehungen untereinander und zur Erde; der zweite Teil schließt von der physischen Qualität dieser Konfigurationen (*dia tês physikês tôn schêmatismôn autôn idiotropias*) auf die Ereignisse unserer Umwelt. Nur der erste Teil, der eine eigene Beweismethode besitzt und seinen Wert nicht in praktischen Resultaten, sondern in sich selbst findet, kann als autonome Wissenschaft angesehen werden. Ptolemäus verweist auf seinen *Almagest*, worin die mathematische Astrologie eine systematische Darstellung erfährt. Der zweite – sekundäre und abhängige – Teil des *Tetrabiblos*, der methodisch weniger streng verfährt, betrifft hingegen den Komplex der sublunaren Ereignisse. Aus den Konstellationen sollen mit größtmöglicher Wahrscheinlichkeit Voraussagen abgeleitet werden.[2] Ibn Khaldun wird treffend feststellen: »Die Astrologie ist eine Kunst, die auf bloßen Vermutungen über astrale Einflüsse oder deren Wirkung auf die Luft basiert.« Der gleiche Ibn Khaldun jedoch unterscheidet deutlich zwischen der eigentlichen These des Ptolemäus, die lediglich die physikalische Wirkung stellarer Positionen und Strahlungen betrifft, und den Hypothesen der Astrologen, die von übernatürlichen Einflüssen und Perzeptionen ausgehen. Sein entschiedener Rationalismus sperrt sich gegen jede Einführung supranaturaler Faktoren – seien es astrale Einflüsse oder divinatorische Fähigkeiten; das astrologische Handwerk hingegen ist für Ibn Khaldun rein konjektural, d.h. es erschöpft sich in Rätselraten: »Bestenfalls ... besteht die Astrologie aus Rätseln und Vermutungen. Mit übernatürlichem Wissen jedenfalls hat sie nichts zu tun.«[3]

Freilich führen uns die *Prolegomena* des Ibn Khaldun bereits ans Ende des 14. Jahrhunderts: sein Werk verläuft parallel zu jenem Rationalisierungsprozess, der – so heißt es – in

der westlichen Kultur zu einer wissenschaftlichen Astronomie geführt habe. In seinem berühmten Werk *Individuum und Kosmos in der Philosophie der Renaissance* schrieb Ernst Cassirer 1927 in Anknüpfung an die Untersuchungen von Aby Warburg: »Die Astrologie zeigt – wie Warburg an ihrer Geschichte dargetan hat – von Anfang an ein geistiges Doppelantlitz. Als *Theorie* sucht sie die ewigen Gesetze des Weltalls in nüchterner und klarer Linienführung vor uns hinzustellen, während ihre *Praxis* im Zeichen der Dämonenfurcht, der ›primitivsten Form religiöser Verursachung‹ steht«. Die Bedeutung etlicher kritischer und polemischer Werke, die zwischen dem 15. und 16. Jahrhundert entstanden, ist Cassirer zufolge eben dies: aus der Betrachtung des Himmels und der Gestirne, ihrer Umläufe und Strahlungen endlich alle Elemente und Spuren des Astralkultes ausgeschieden und auf diese Weise die Grundlage für eine rational-wissenschaftliche, rein mathematisch-physikalische Sichtweise geschaffen zu haben: die moderne Astronomie. Cassirer zögert nicht, über Pietro Pomponazzis 1520 fertiggestelltes Werk *De naturalium effectuum causis sive de incantationibus* (»Von den Ursachen der Naturwirkungen oder vom Zauber«) festzustellen: »Die geistesgeschichtliche Bedeutung von Pomponazzis Schrift ... besteht darin, daß sie, selbst noch ganz im Bannkreis der astrologischen Anschauung stehend, zwischen den beiden Grundelementen, die sich in ihr bisher unlöslich verschlungen hatten, zuerst eine scharfe und bewußte Trennung vollzieht. [...] Das rein ›primitive‹, das dämonische Element im Sternenglauben wird abgestreift, und an seiner Statt bleibt nur der Gedanke der einen unverbrüchlichen Gesetzlichkeit des Geschehens zurück, die keine Ausnahme oder Zufälle kennt: die ›dämonische‹ Kausalität des Glaubens weicht der Kausalität der Wissenschaft [...] .Aber es läßt sich hier schon voraussehen, daß ... der astrologische Ursachenbegriff durch den mathematisch-physikalischen ersetzt sein wird.« Mit Blick auf die berühmten *Disputationes adversus astrologiam divinatricem* Pico della Mirandolas, die ein Vierteljahrhundert zuvor verfaßt wurden und vielleicht den Höhepunkt des Astrologie-Streites markieren, schreibt Cassirer: »Pico greift über die bloße Kritik der Astrologie hinaus: er zieht die scharfe Grenzlinie, die die magischen Zeichen der Astrologie von den intellektuellen der Mathematik und der mathematischen Naturwissenschaft trennt. Fortan steht der Weg offen, die ›Chiffreschrift der Natur‹ durch mathematisch-physikalische Symbole zu deuten, die zugleich als Symbole begriffen werden, die dem Geist nicht mehr als fremdartige Gewalten, sondern als seine eigenen Schöpfungen gegenüberstehen.«[4]

Haben sich die Dinge wirklich so abgespielt, wie Cassirer meint? Verdankt sich die Entstehung der modernen Physik oder Mathematik tatsächlich einem geradlinigen Prozeß der Rationalisierung? Beruht sie wirklich auf einer klaren Zurückweisung magischer und dämonischer Elemente, okkulter Kräfte und geheimnisvoller Mächte, verborgener Entsprechungen und rätselhafter Sympathien? War der Kampf um die Astrologie nicht weitaus komplexer und facettenreicher? Aby Warburg erinnert an die schroffe Antwort, die Luther im August 1540 Melanchthon, dem Humanisten und »Dominus Doctor«, erteilte: »Niemand, weder Paulus, noch ein himmlischer Engel, nicht einmal Philippus (d.i.Melanchthon), wird mich davon überzeugen, an die Vorhersagen der Astrologie zu glauben, da sie gänzlich falsch sind, und es nichts gibt, das unsicherer wäre.«[5] Doch Luther, aber auch Savonarola und sein Anhänger Pico – sie alle sind eher von moralisch-religiöser Leidenschaft, als vom Postulat der Wissenschaftlichkeit angetrieben. Im Namen des freien Willens, der nicht der Natur, sondern nur Gott unterstehe, wenden sie sich gegen das astrale Schicksal. Übrigens scharten sie sich in diesem Kampf keineswegs um die »neuen Männer« des Humanismus; ganz im Gegenteil betrachten sie Dichter wie Pontano oder Denker wie Melanchthon, wenn nicht als Hauptfeinde, so doch als Gegner. Obgleich überall als der »fromme Philosoph« bekannt, war etwa der wendige Ficino sämtlichen Versuchungen der Astrologie anheimgefallen. Nicht zufällig bevölkerten immer häufiger astrale Symbole und Sterngottheiten die Gedichte, Fresken, Bräuche und politischen Schriften der Renaissance. Es sind freilich nicht mehr mittelalterliche Symbole oder Gottheiten; anstelle angsteinflössender Dämonen sind jetzt die himmlischen Götter getreten, die das Mittelalter kannte. Man kehrt wieder zurück zu den harmonischen Formen der antiken Quellen und restituiert ein orientalisches, griechisches und ägyptisches Erbe, das nicht weniger faszinierend war als das mittelalterliche. Der Disput innerhalb der Astrologie betrifft also nicht nur die gesamte damalige Kultur, sondern zieht sich über einen langen Zeitraum hin. Vor allem wird er an Fronten geführt, die keineswegs starr und eindeutig, sondern vielmehr widersprüchlich und zweideutig waren.

Man nehme etwa Picos *Disputationibus* und Pomponazzis *De incantationibus*: es ist kein Zufall, daß diese beiden Schriften, die Cassirer für exemplarisch hält und einer gemeinsamen Schule zuordnet, die angeblich im Namen der wissenschaftlichen Vernunft den Aberglauben bekämpfte, in Wirklichkeit gegeneinander polemisierten. In *De incantationibus* greift Pomponazzi Picos Position frontal an und weist sie voller Verachtung von sich; vehement verteidigt er die Astrologie im Namen der Wissenschaft, d.h. spricht Pico jedwede wissenschaftliche Seriosität ab.[6] Zweifellos sollte man Pomponazzi nicht beim Wort nehmen, gibt es doch zahlreiche tiefgründige Übereinstimmungen zwischen den beiden Werken (die übrigens auch beide bis weit ins 17. Jahrhundert eine breite Wirkung in Europa hatten). Andererseits ist unzweifelhaft, daß die Dinge nicht so einfach liegen, wie Cassirer und andere mit ihm meinten. Der Prozeß, in dessen Verlauf die moderne Wissenschaft durch die Definition ihrer Methode und die Festlegung eines physikalischen Kausalitätsbegriffes zu sich selbst fand, ist um einiges langwieriger und keineswegs linear verlaufen. Der »wissenschaftliche« Fortschritt ist alles andere als eine unbefleckte Empfängnis: ohne zweideutige Einflüsse, ohne Kontamination durch magische, hermetische und mystische Themen ist er nicht denkbar. Noch Mitte des 18. Jahrhunderts räsonniert ein gewisser Professor G. M. Bose, Ordinarius für Philosophie und Dekan der Universität zu Wittenberg folgendermaßen über Newtons Theorie der Anziehungskraft: »*Actio per distans dabitur?* Aus der Entfernung komme die wirkende Kraft? Wer wollte dann Talisman, den Stern, hindern, aus der Entfernung zu wirken? Freue dich, Melanchthon, es kehren wieder das Horoskop, Haly, Almutec, Athacir, Alcecadenor und Hylec. *Actio per distans dabitur?* Bald kehrt noch die abscheuliche thessalische Hexe zurück, faltig, borstig und wütend!«[7] Was nach Ansicht des Professors Bose mit Newton und dem Gravitationsgesetz – also schon tief im 18. Jahrhundert – zu triumphieren schien, waren nicht Pico oder Galilei, sondern Melanchthon und die astrologische Tradition, also die Theorie der universellen Sympathie (*sympathia rerum*) und die Magie der Talismane.

Damit wollen wir keineswegs den wenig eleganten Distichen des Professor Bose recht geben, sondern vielmehr die Komplexität des Problems sowie die Schwierigkeiten seiner historiographischen Bewältigung hervorheben. Der Streit um die Astrologie, worin Kunst und Wissenschaft, Religion und Philosophie nicht zufällig zusammentrafen oder gegeneinander fochten, wurde fast drei Jahrhunderte lang geführt, ohne daß die sogenannte »wissenschaftliche Revolution« einen eindeutigen Debattensieg davongetragen hätte. Mit anderen Worten:

ein klares Zerwürfnis zwischen moderner Astronomie und mittelalterlicher Astrologie hat es in der Zeit der Renaissance keineswegs gegeben – dieses Bild ist also entschieden zurückzuweisen. Doch es ist zweifellos notwendig, sich über die außerordentliche Verbreitung astrologischer, magischer und hermetischer Themen zu Beginn der modernen Kultur und deren Fortwirken in den mannigfaltigsten Formen (nicht nur in den Bildern der Kunst, sondern auch innerhalb der neuen Wissenschaft) Rechenschaft abzulegen.

Ein Zitat, das aus einem Briefwechsel von Schülern Galileis stammt und ein einzigartiges Dokument darstellt, möge unserem Versuch, der einige dieser Themen historisch zu vertiefen sucht, als Präludium dienen.[8] Am 14. Juli 1642 schreibt Bonaventura Cavalieri aus Bologna an Evangelista Torricelli einen schwermütigen, sehr bezeichnenden Brief. Er beklagt darin das geringe Interesse der Öffentlichkeit an mathematisch-physikalischen Wissenschaften und den spärlichen Erfolg, den diese auf praktischem Gebiet hätten. Während die strengen Forschungen der Mathematik kaum Aufmerksamkeit fänden, stünden hingegen astrologische Vorraussagen (*astrologia iudiciaria*) nach wie vor hoch im Kurs. »Ein neuer Archimedes könnte geboren werden«, beschwert sich Cavalieri, »ohne daß es jemand bemerkt, während die größten Scharlatane von Astrologen überall zu Ehren, Geld und Macht kommen.« Und er fügt hinzu: »Nicht einmal nach schier endlosen Anstrengungen können arme Mathematiker oder Leuchten der Geometrie« von jenem glänzenden Ruhm (*gloriosa fama*) träumen, wie ihn astrale Wahrsager mit ihren Divinationstechniken erreichen. Kurz gesagt: die mathematische Wissenschaft hat keinerlei Resonanz; sie gilt als unfruchtbar und ungeeignet für eine praktische Anwendung im täglichen Leben. Daher ist es sinnvoll, wie Cavalieri sagt, sich wenigstens für »äußere Zwecke« der Meinung und Nachfrage der Masse anzupassen, indem man Horoskope und Prophezeihungen erstellt; gleichzeitig solle man an strenger Wissenschaftlichkeit festhalten – zum »Selbstzweck« und zum Nutzen all jener, »die das Wissen mehr lieben als den Schein«.

Es ist nicht weiter nötig, diese beiden Persönlichkeiten, die zu den berühmtesten unter den Galilei-Anhängern zählen, näher zu beschreiben: Cavalieri war ein hervorragender Mathematiker, Torricelli ein bedeutender Physiker, und beide sind Teilnehmer an jenem großen europäischen Gespräch, in dem Galilei und Kepler, Mersenne und Gassendi, Pascal und Descartes, schließlich auch Leibniz und Newton – die »Unteilbaren«, wie Cavalieri sie wohl genannt hätte – das Wort ergreifen. Konfrontiert mit der Fortdauer der divinatorischen Astrologie und ihren Begleiterscheinungen, mit Hermetismus, Magie sowie sonstigen Glaubenselementen oder -vorstellungen, scheinen diese Schüler Galileis die Waffen zu strecken. Ganz anders Galilei selbst: man erinnert sich, daß der Gelehrte einst lieber eine völlig unhaltbare Theorie der Gezeiten formuliert hatte, als einer Theorie der Anziehungskraft oder der lunaren Einflüsse auch nur einen Fußbreit entgegenzukommen. Angesichts einer so resignativen und trostlosen Kapitulation erstklassiger Wissenschaftler gewinnt man den Eindruck, daß um die Mitte des 17. Jahrhunderts der Kampf gegen die Astrologie mit einer Niederlage endet – zumindest auf der Ebene der öffentlichen Meinung und der Bräuche, wenn nicht sogar in der praktischen Anwendung, in Glauben und Moralauffassung. Die antiastrologische Polemik war im beginnenden Humanismus, also drei Jahrhunderte zuvor, von Petrarca eröffnet worden, der nicht nur Freiheit und Würde des Menschen gegen das »Schicksal aus den Sternen«, sondern auch die Rationalität gegen Aberglauben und magische Vorstellungen eingeklagt hatte. Im klaren Stil klassischer Beredsamkeit hatte Petrarca geschrieben: »Frei sei der Weg für die

Wahrheit und das Leben [...]. Feuerbälle können nicht unsere Führer sein. [...] Die tugendhaften Seelen, die ihrem erhabenen Schicksal entgegengehen, werden von einem viel schöneren inneren Lichte erleuchtet. Wer durch diesen Strahl geleitet wird, kann auf jene betrügerischen Astrologen und lügnerischen Propheten verzichten, die ihren folgsamen Anhängern die Goldschreine leeren, deren Ohren mit Märchen stopfen, mit ihren Irrtümern das Urteil korrumpieren und durch trügerische Zukunftsprognosen das Leben in der Gegenwart beschwerlich und düster machen.« Petrarca schrieb dies um das Jahr 1362, als sich die Pest in Padua ausbreitete und dunkle Prophezeihungen ihr unheilvolles Wirken begleiteten. Nach dem gewohnten Schema führten die Astrologen irdische Katastrophenereignisse auf außergewöhnliche stellare Einflüsse zurück; denn nur der Himmel, von dessen Sonnenlicht und -wärme unser aller Leben abhängt, konnte die Quelle dieses kollektiven Todes sein.[9] Petrarca ahnte die Gefahren des astralen Determinismus und befürchtete, daß die Annahme unbedingter Naturnotwendigkeit die Freiheit menschlichen Handelns zerstöre; seine radikale Kritik einer himmlisch determinierter Kausalität und seine scharfe Analyse des antiken Aberglaubens leiteten die spätere Entwicklung ein.

Andererseits bedeuten die schwermütigen Schlußfolgerungen von Bonaventura Cavalieri nicht, daß fast drei Jahrhunderte »humanistischer« Polemik folgenlos geblieben wären. Daß sich Kepler in Graz immer noch gezwungen sah, Horoskope zu erstellen, obwohl Kopernikus das Wissen um die Struktur des Kosmos bereits revolutioniert hatte, bedeutet lediglich, daß der Beginn der modernen Wissenschaft weder durch einen radikalen Bruch noch durch eine plötzliche Erleuchtung erfolgt ist. Um die Erfolgsgeschichte der Astronomie und die Krise der Astrologie zu verstehen, müssen ihre verwickelten Themen und Forschungsgegenstände im einzelnen unterschieden und über einen langen Zeitraum hinweg untersucht werden – von ihren humanistischen Ursprüngen in der Renaissance bis zum Aufblühen der Wissenschaft am Ausgang des 17. Jahrhunderts. Selbst Kepler, der sicherlich nicht an die Gültigkeit von Prognosen glaubte, hat bekanntlich die Existenz einer Sonnenseele offen verteidigt (» es ist notwendigerweise im Sonnenleib auch eine Seele vorhanden«, *animam quoque ... in corpore Solis inesse necesse est*); ebenso ging er von einer Beseelung der ganzen Welt aus (*mundus totus anima plenus*) und natürlich auch von einer Existenz himmlischer Wesen. Zwar schätzte Kepler teilweise die Argumentation der *Disputationes* Picos, ja wollte sie sogar kommentieren; doch er konnte ihre Radikalität nicht völlig akzeptieren, zumal Pico sich nicht ausschließlich auf wissenschaftliche Beweise stützte. Einige zentrale Themen der Astrologie – etwa die sogenannte Theorie der *Aspekte* (»die Verwandtschaft der Aspekte mit den musikalischen Harmonien«) – akzeptierte Kepler sogar, weil ihm Picos Gegenargumente unzulänglich vorkamen: »Schließlich lehnt das Buch so vieles ab, daß ich begann, einiges von dem zu glauben, was die Astrologen früher verteidigten und was ich ihrer schwachen Argumente wegen zunächst verworfen hatte. Eben so verhielt es sich auch mit den Aspekten.«[10] Mehr noch: »Eine äußerst dauerhafte Erfahrung (*constantissima experientia*), so dauerhaft wie im Bereich der physikalischen Phänomene eben nur möglich«, hatte ihn, zunächst »wider seinen Willen, von dem Einfluß der Konjunktionen auf die sublunare Welt« überzeugt.

Auch Galilei, der eigentlich ein unbeugsamer Gegner der divinatorischen Astrologie war, verfiel seinerseits auf recht eigenartige Behauptungen über die Sonne und das Licht. Einige seiner Texte enthalten Anklänge an Sonnenkultvorstellungen; oder man stößt, mitten in einer mathematischen Beweisführung, plötzlich auf neoplatonische Glaubenselemente oder Theorien. Der berühmte Brief an Monsignore Pietro Dini vom 23. März 1615 zeugt davon, daß selbst die strenge Astronomie Galileis sich schwer tat, Mathematik und Physik von Metaphysik und Mystik zu trennen: der Gelehrte zitiert hier ausführlich jenen Psalm 19,5 (»Er hat der Sonne ein Zelt am Himmel bereitet...«), worin die pseudo-dionysische Licht-Metaphysik eine entscheidende Rolle spielt. »Vor der Erschaffung der Sonne«, sagt Galilei weiter, wirkte »der wärmespendende und fruchtbare Geist«, der die Materie belebte und »die Gewässer erwärmte.« – »Deshalb können wir mit großer Wahrscheinlichkeit annehmen, daß dieser fruchtbare Geist und dieses diffuse Licht in der ganzen Welt bestrebt sind, sich zu vereinen und sich in diesem Sonnenkörper zu verstärken, der für diesen Zweck im Mittelpunkt des Universums angesiedelt ist; welcher sodann, nachdem er noch strahlender und kräftiger geworden ist, sich von neuem verbreitet.«

Mit anderen Worten: Nach Galilei ist die Sonne der Vermittler zwischen dem ursprünglichen Licht, der Lebensquelle, und dem lebenden Universum. Das ursprüngliche, in der Sonne physikalisch konzentrierte Licht explodiert in einer universalen Diffusion. So erklärt sich seine These, »der Glanz der Sonne« rühre daher, daß »alle Strahlungen der sphärisch um die Sonne angesiedelten Sterne im Zentrum der Welt zusammentreffen, sich überschneiden und so ihr Licht tausendfach vermehren; reflektiert und verstärkt, breitet sich das Licht stärker und voller aus, wird sozusagen von männlicher, lebendiger Wärme angetrieben und belebt die Körper, die sich um sein Zentrum scharen. Mit der Sonne verhält es sich also gleichsam wie mit dem Herz eines Lebewesens, das durch ständige Regeneration der Lebensgeister alle Glieder erhält und belebt [...]: was sie nährt, kommt zwar von außen, doch konserviert sich dieses als gleichsam innere Quelle und kann daher unablässig dieses Licht und die fruchtbare Wärme verströmen, die allen Körpern, die um sie kreisen, Leben gibt.«[11] Wir könnten weitere Passagen aus Galileis berühmten Text anführen, die ebenso überraschend oder instruktiv wären. Man begreift, daß in seinem wissenschaftlichen Werk die verschiedensten Anklänge und Einflüsse gegenwärtig sind: neben der neoplatonischen Metaphysik begegnet man auch dem kabbalistischen Motiv der Konzentration und Explosion, der Verdichtung und Ausstrahlung des Lichts. Noch interessanter ist aber die »astrologisierende« Sprache: die »Fortifikation« der Strahlen durch Zusammentreffen und Überschneidung, Brechung und positive Summierung. »Wie ein Gigant, wie ein Starker« (*ut gigas, ut fortis*) sendet die Sonne ihre Strahlen, die »wirksam und kraftvoll alle Körper durchdringen, ja sich mit Höchstgeschwindigkeit durch riesige Räume bewegen; denn die Emanation des Lichtes vollzieht sich gleichsam augenblicklich«. Auch Wilhelm Harvey wird später seine *Exercitatio anatomica de motu cordis* (»Praktische Anatomie der Bewegung des Herzens«) mit der galileischen Gleichung Sonne = Herz eröffnen: »Das Herz der Lebewesen«, so sagt er, »ist die Grundlage ... des Lebens, das Prinzip von allem, die Sonne des Mikrokosmos.« Diese Analogie ist im Grunde nichts anderes als ein Topos der astrologischen Literatur des Mittelalters. In seinem *Lucidator*, der die Stellung der Sonne am Himmel und insbesondere ihre Vermittlung zwischen Venus und Mars erörtert, stellt Pietro d'Abano fest: »Nach allgemeiner Ansicht ist die Sonne für den Himmel, was das Herz für ein Lebewesen ist. Denn nach Platon ist der Himmel wie ein großes Lebewesen und sein Herz befindet sich im Zentrum der Elemente wie ein Herrscher, der nach allen Richtungen [...] sein Reich überblicken kann.«[12] Es ist in diesem Zusammenhang beinahe überflüssig, auf eine andere, ebenso beliebte Gleichsetzung hinzuweisen: die Gleichsetzung zwischen der Sonne, dem König bzw. Herrscher und dem Herz (*sol – rex/princeps – cor*).

Der Philosoph Pietro Pomponazzi (1462-1525) hingegen hatte in seinem Kommentar zur aristotelischen *Meteorologie*, der 1522 erschien und in einer ausführlichen *reportatio* in der Pariser Nationalbibliothek (*ms.latin* 6535) überliefert ist, zunächst offen seine astrologische Inkompetenz eingestanden: »Ich selbst verstehe nichts von Astrologie (*ego non intelligo astrologiam*).« Dennoch behauptete er in seinem Kommentar zum aristotelischen Traktat *De generatione et corruptione* (»Über das Werden und das Vergehen«, 1519): »Der Mensch ist ein Mikrokosmos, das heißt eine kleine Welt. Daraus schließen wir, daß es im Menschen ein erstes Organ (*primum membrum*) gibt, von dem alle anderen Glieder abhängen – wie verschieden sie auch seien [...]. In diesem Sinne habe ich an anderer Stelle gezeigt, daß die Welt regiert wird von Himmelskörpern, die sich wie ein Herz verhalten [...]. Diese machen zwar verschiedene Bewegungen, werden aber alle von einem Herzen gelenkt: dem Himmel.« Die »andere Stelle«, die Pomponazzi erwähnt, verweist unter anderem auf seine *Apologie* (1518). »Wir behaupten«, heißt es dort, »daß die höheren Körper nicht nur zwecks Erschaffung der unvernünftigen Wesen, sondern auch zwecks der vernünftigen Wesen zusammenwirken. Denn alles wird durch die höheren Körper regiert werden und empfängt von ihnen Ursprung und Wachstum, Untergang und Tod.«

In seinem Kommentar zur *Meteorologie*, wo die Funktion des Königs (bzw. die Analogie Sonne = Herz) als Zentralelement eines streng hierarchisch geordneten Universums behandelt wird, ist Pomponazzi außerdem darum bemüht, die Einwände eines hypothetischen Gesprächspartners vorwegzunehmen, der ein solches Universum für ungerecht hält. Die Antwort Pomponazzis ist hochinteressant, denn sie präsentiert die Astrologie als eine allgemeine Konzeption der Dinge, als ein kosmisches Reich unbedingter Notwendigkeit. Die Astrologie in ihrer Gesamtheit – die *astrologia iudiciaria* eingeschlossen – verkündet die Rationalität einer streng eingeteilten Welt und wird insofern nicht nur zum Fundament der Naturwissenschaften, sondern auch der politischen Weisheit. Die »natürliche Gerechtigkeit«, das »Naturgesetz«, ja sogar das »Zivilrecht« fußen auf Ungleichheit und Unterordnung: »Ihr werdet einwenden: ›wenn dies so ist, dann ist Gott ungerecht‹. Das leugne ich, und sage, du bist ein Tier [...], weil du nichts anderes sein kannst, denn nicht alle können Könige oder Fürsten sein. Damit es Menschen und Tiere überhaupt geben kann, braucht es ein leitendes Organ (*membrum principale*); also können nicht alle Organe ihrer Aufgabe nach gleich sein, andernfalls gäbe es ja weder Menschen noch Tiere. Wenn es also eine Welt geben soll, wäre es falsch, wenn alle gleich sind, wenn es einen Staat geben soll, wäre es falsch, mehrere Fürsten zu haben. Andernfalls gäbe es weder Welt noch Staat. Daraus folgt, daß hier keinerlei Ungerechtigkeit vorliegt.«[13]

Das Denken von Pietro d'Abano und Ibn Ezra, von Pomponazzi und Galilei läßt eines deutlich erkennen: die humanistische Trennlinie zwischen Astronomie und Astrologie – also zwischen einer Disziplin, die sich als wissenschaftliche Messung der Himmelsbewegungen verstand, und einer Lehre, die Weltanschauliches, Astralkulte und prophetische Techniken miteinander vereinte – war ständig prekär; im Grunde war eine solche Unterscheidung sogar völlig unhaltbar. Denn Mythos und Logos, strenge Wissenschaft und verklärende Phantasie, klarer Verstand und trübe Magie, Religion oder Aberglauben, ja auch mathematische Berechnungen und Zahlenmystik sind am Ende kaum klar voneinander zu unterscheiden. In diesem Sinne ist die Debatte der Renaissance um die Astrologie ein einmaliges historisches Experiment: ihr Verlauf konfrontiert uns mit der schwierigen und faszinierenden Geschichte humanistischen Denkens. Angetrieben von unerschütterlichem Vernunftglauben und einem starken moralischen Impetus, versuchen die Humanisten jenen schier unlösbaren Knoten zu entwirren, worin irrationale Instanzen und Reminiszenzen an archaische Astralkulte, Träume und Chimären miteinander verknüpft sind und zugleich mit den Ansprüchen der Wissenschaft in Konflikt geraten. Ausgeklügelte Theorien und kühne Experimente, religiöse Motive und Nachklänge primitiver Glaubensrelikte, ja selbst Gebete und Experimente finden sich da oft in fröhlichem Stelldichein, auf ein und derselben Buchseite. Und auch die Dichter, Bildhauer, Maler und Architekten dieser Zeit verwenden in ihrer Arbeit oft unbewußt Fragmente älterer Weltanschauungen.

II.

Sinn und Zweck einer Studie über die Renaissance-Astrologie zu begründen, fällt nicht schwer: man brauchte bloß darauf hinzuweisen, daß die Konzeption der »Wiedergeburt«, der Mythos der Erneuerung (*renovatio*) selbst astrologische Wurzeln hat. Untersucht man die Leitideen, die in der Kulturbewegung der »Renaissance« von Anfang an wirken, stößt man jedenfalls ständig auf astrologische Motive oder Konzepte. Ein »Bewußtsein der Wiedergeburt« wird in der Selbstreflexion sehr früh ausgedrückt und als Signatur der Epoche erkannt. »Renaissance« und »Revolution« sind in der Tat genuin astrologische Begriffe; sie ergeben sich aus dem Konzept einer zyklischen Zeit, das auf den Wechsel von »Aufgang« und »Untergang« oder den periodischen Umlauf der Sterne angewendet und schließlich auf die Menschenwelt, auf Kulturen und Zivilisationen, Reiche und Religionen übertragen wurde.

Über den Themenkreis der rhythmischen Wiederkehr (von

Dunkelheit und Licht, von finsteren und wiedergeborenen Zeitaltern) ist in Renaissance-Studien bereits so viel geschrieben worden, daß wir uns hier kurz fassen können. Als Rückkehr zum Licht, als eine neue hellere Epoche nach einer Krisenzeit – so wurde die Renaissance ersehnt, angekündigt und interpretiert. Im 14. Jahrhundert wird das Thema des Epochenwechsels beinahe zur Obsession: besonders im Abendland sind *renovatio* (»Erneuerung«) und *translatio* (»Veränderung«) seither die üblichen Allgemeinplätze, mit denen die Erwartung entscheidender Ereignisse bezeichnet wird. Es wäre müßig, hier im einzelnen die historischen Bedingungen darzustellen, die solchen Ängsten und Hoffnungen, Prophezeiungen und Utopien Nahrung gaben: sie reichten von Invasionsdrohungen bis zur Krise der großen Institutionen. Auf der intellektuellen Ebene, in historischen Darstellungen oder ideologischen Modellen, findet man freilich stets dasselbe Thema: die Theorie der »großen Konjunktionen«. Im Westen erscheint diese Theorie bisweilen in Verbindung mit dem Prophetismus des Joachim von Fiore (wobei die wechselseitigen Einflüsse noch genau zu ermitteln wären), ansonsten aber in Form jener Doktrin, die Alkindi systematisiert und Albumasar (Abu Ma' shar) weiter ausgearbeitet hatte. Dieser Theorie zufolge besteht eine enge Verbindung zwischen Himmelserscheinungen (d.h. planetaren Positionen) und großen Umbrüchen der Menschheitsgeschichte. Eine himmlische Uhr soll in den geschichtlichen Krisen der Menschheit gleichsam den Takt geschlagen und Wachstum oder Verfall von König- und Kaiserreichen, die Sukzession von Hochkulturen und hegemonialen Völkern, ja sogar das Werden und Vergehen der Religionen bestimmt haben. Man fand also am Himmel, eingeschrieben in die Bewegung tanzender Sterne, die Epochen der Menschheitsgeschichte markiert. Die himmlischen Konstellationen erscheinen zugleich als »Zeichen« und »Ursachen«. Glaubt man den Meistern der divinatorischen Astrologie, die gerade diesen Punkt in lebhaften Diskussionen erörterten, dann fungieren die Sterne eben deshalb als Zeichen, weil sie als Ursache wirken.[14]

In theoretischer wie praktischer Hinsicht berühren wir hier zweifellos ein entscheidendes Thema. Theoretisch geht es um eine detaillierte Geschichtsphilosophie, die auf einer kohärenten Konzeption des Universums basiert, d.h. auf strengem Naturalismus und Determinismus. Praktisch angewendet wird diese Lehre in der Beobachtung des Himmels, die Vorhersagen über unser Schicksal ermöglichen soll – wobei offenbleibt , ob sich uns in jener instabilen Zone akzidenteller Bestimmungen, die unter dem Einfluss des Mondes stehen, irgendein Ausweg bietet. Schlechthin weise ist derjenige, der die Menschen-Geschichte in den Sternen zu lesen versteht. Manche gehen freilich noch weiter und sind der Ansicht, einzig dieser »weise Astrologe« (insofern er nämlich das Buch des Himmels zu dechiffrieren vermag) sei auch in der Lage, uns durch Magie dem Zwang der himmlischen Konstellationen und ihren verderblichen Konsequenzen zu entziehen; dies gelingt freilich nur, wenn diese Konsequenzen im Spiel der himmlischen Konstellationen auch rechtzeitig ausgemacht werden. So erklärt sich das Motto der Astrologen: »Der Weise wird die Sterne regieren«. »Glückselig ist, wer die Ursachen zukünftiger Ereignisse versteht und erkennt, welche Lebens- oder Verhaltensweise am besten dazu angetan ist, in den Genuss des ewigen Lebens zu gelangen« (*Felix, qui secte causas prenosse future / posset venturus per eas in cognitionem, / quis sibi vivendi modus aptior ad hoc quod / inde meretur eterne gaudia vite*).[15]

Diese pseudo-ovidischen Verse entstammen einem kleinen Gedicht mit dem Titel *De vetula*, das Richard de Fournival zugeschrieben und auch von Roger Bacon zitiert wird. Dank seiner Überlieferung innerhalb bedeutender Werke (etwa im

Traktat *De causa Dei* von Thomas Bradwardine, der im Hermetismus bis zur zweiten Hälfte des 14. Jhs. eine entscheidente Rolle spielte)[16] trug dieses Gedicht maßgeblich zur Verbreitung wichtiger astrologischer Thesen bei, ja nimmt in unserer Thematik eine Schlüsselfunktion ein. Im Mittelpunkt von *De vetula* steht die Beziehung zwischen Mikrokosmos und Makrokosmos – wie etwa folgende Verse zeigen, die man sich in unserem Zusammenhang immer vor Augen halten sollte: »Die Teile der Welt, jener himmlische dort oben und dieser elementare bei uns, verweigern der kleineren Welt (*mundo minori*) keineswegs den Dienst. Die kleinere Welt ist der Mensch, der sein Leben vom Himmel erhält. Weil er von diesen Elementen am Leben erhalten wird (*victus ab hiis elementis*), sagt man, er sei nach dem Vorbild jener größeren Welt (*mundi majoris ad instar*) geschaffen.« Der Himmel, die größere Welt, determiniert also den allgemeinen Lauf der Dinge; seine Rhythmen regieren die Epochen, den Tod, das Leben, den Niedergang und die Wiedergeburt der kleineren Welt: »Alles erneuert sich durch Notwendigkeit; der Sternenhimmel, diese Welt und auch unsere Körper – alle werden sie wieder auferstehen.«[17] Wie man sieht, ist das Thema der Erneuerung, das alle Bereiche betrifft – das Leben, die Epoche, die Welt, den Himmel, die Erde – und von der Renaissance bis zu den berühmten Zeilen Campanellas oder Vicos immer wieder rhetorisch variiert wird, letzlich nichts anderes als ein Topos der Astrologie.

Es geht hier, mit anderen Worten, um Tod und Auferstehung von Individuen und Kulturen (und zwar in allen ihren Aspekten). Die Historiker der Renaissance haben oftmals darauf hingewiesen, daß die Vergänglichkeit der menschlichen Existenz ein Thema ist, das einem in humanistischen Schriften auf Schritt und Tritt begegnet – bis hin zur romantischen Begeisterung für Ruinen. Es gibt berühmte, oft zitierte Sätze über den Niedergang antiker Größe, den Verfall ägyptischer, griechischer und römischer Monumente oder den Einsturz von Kirchen, Palästen und Schlössern. All dies sind astrologische Themen, die nur verständlich werden vor dem Hintergrund der Theorie der »großen Konjunktionen«, d.h. einer Annahme von umfassenden kosmischen Zyklen, die sich zugleich als Deutungsmuster geschehener Vorgänge und als Zukunftsvorhersagen verstehen. Diese Lehre stiftet Trost und Hoffnung einer Wiedergeburt, aber auch Resignation angesichts der Unvermeidbarkeit des Untergangs. Man denke etwa an das berühmte Klagelied des Hermes über den Untergang Ägyptens und seiner Könige, Tempel und Götter, das der redegewandte Giordano Bruno aufgreifen wird: »Ägypten, ach Ägypten, was uns von deinen Religionen noch verbleibt, sind Fabeln. Zukünftige Generationen werden ihnen keinen Glauben mehr schenken. Die Dunkelheit wird man dem Licht vorziehen, den Tod aber nützlicher schätzen als das Leben ...«[18] Die apokryphe Schrift *Der Tod des Hermes*, die aus platonisierenden Kreisen in Florenz stammt, wird zwei Jahrhunderte hindurch eine außerordentliche Verbreitung erfahren. Die italienischen Platoniker des 15. Jahrhunderts betonen gerne den fatalen Niedergang der ›Republiken‹ und die Möglichkeit einer Wiederauferstehung, eines Zurück zu den Anfängen. Machiavelli wird von einer »Auferstehung toter Dinge« sprechen. Der byzantinische Philosoph Plethon (Georgios Gemistos) war während des Florentiner Unionskonzils (1438) sogar soweit gegangen, die baldige Rückkehr der klassischen Götter Griechenlands und das Ende der »Religionsbetrüger« Moses, Christus und Mohammed anzukündigen.[19] Mit ähnlicher Eindringlichkeit hatte bereits Ibn Khaldun ein halbes Jahrhundert zuvor in seinen *Prolegomena* die Krise der arabischen Zivilisation beschrieben: »Die von den Arabern errichteten Bauwerke sind vom Verfall bedroht[...] die Dekadenz ist auf dem Vormarsch, der Wohlstand nimmt ab und dezimiert die Bevölkerung. Das Handwerk verliert an Kunstfertigkeit [...] Die Städte schrumpfen zu Dörfern und Hütten [...] und nach und nach zerfällt alles, geht den Gang des Schicksals . Denn so verfährt Gott mit seinen Geschöpfen.«[20]

Als Ibn Khaldun solches am Ende des 14. Jahrhunderts notierte, war in Ost und West eine lebhafte Polemik über die Doktrin der »großen Konjunktionen« im Gange. In ihrem Gefolge bildete sich ein doktrinärer Kern, der in den Studien über den Mythos der »Wiedergeburt«, über das *renovatio*-Bewußtsein und seine zeitgenössischen Funktionen zuweilen zu kurz kommt. Die Spannung zwischen extremer Neuheitserwartung und Katastrophenfurcht, die große Teile der Mittelmeerwelt in Banne hielt, wurde so übersehen.

Die Theorie der »großen Konjunktionen« geht auf die systematischen Darlegungen des Astrologen Albumasar zurück, dessen Werke im lateinischen und byzantinischen Mittelalter überaus erfolgreich waren und große Verbreitung gefunden hatten. Albumasar lebte in Bagdad und starb 886 beinahe hundertjährig im mittleren Mesopotamien. Zwei seiner Werke hatten seit dem 12. Jahrhundert entscheidenden Einfluß auf die abendländische Entwicklung: »Die große Einführung (in die Astrologie)«, ein systematischer Traktat in acht Büchern, und die acht Bücher der »Indikationen von hochgestellten Persönlichkeiten« (gemeint sind die Gestirne!), deren lateinischer Titel *De magnis coniunctionibus ac eorum profectionibus* lautet. Das erste dieser Werke, das *Introductorium maius in astronomiam* bzw. *Liber introductorius maior* erfuhr im 12. Jahrhundert gleich zwei lateinische Übersetzungen (von Johann von Sevilla und Hermann von Kärnten). Nur die dichtere und elegantere Version des Hermann von Kärnten wurde allerdings gedruckt (1489 in Augsburg und 1515 in Venedig).

Die wichtigen Studien von Lemay haben dankenswerterweise erhellt, welche Bedeutung dem *Introductorium* für die Re-

3 *Das Tierkreiszeichen Schütze aus dem* Liber Astrologiae *des 14. Jahrhunderts.*

zeption der aristotelischen Physik durch das lateinische Denken des 12. Jahrhunderts zukommt [21]. Uns interessiert in diesem Zusammenhang vor allem der ausgeprägte Astraldeterminismus dieses Werkes, das während des 14. und 15. Jahrhunderts in humanistischen Kreisen so weit verbreitet war (ein florentinisches Manuskript aus San Marco, das Cosimo de' Medici gehörte, stammt aus der berühmten Sammlung des Filippo di Ser Ugolino Pieruzzi).[22] Die menschliche Handlungsfreiheit wird hier völlig zurückgedrängt: »Da die Planeten das Mögliche und die Wahlfreiheit anzeigen, die den Menschen verbleibt, kann der Mensch nur dasjenige wählen, was die Planeten anzeigen.« Doch die Planeten bzw. die planetarischen Intelligenzen in ihrem Innern haben selbst keine Wahlfreiheit: »Obwohl die Planeten vernünftige Seeelen (*animae rationales*) sind, wählen sie nicht und bedürfen auch keiner Wahlfreiheit (*nec indigent electione*).« Die himmlische Determination ist absolut und unbedingt, jede menschliche Wahl ausgeschlossen. Am Rande einer Handschrift der Pariser Nationalbibliothek (Ms. lat. 16205) steht dazu folgende (von Lemay berichtete) Bemerkung: *Cave, hic sermo est durum* (»Achtung, diese Rede ist hart!«). Der »sermo« des Pietro Pomponazzi, eines typischen Renaissancephilosophen, ist übrigens noch viel härter, noch viel bitterer und trostloser.

Nicht (oder nicht nur) wegen seines Determinismus haben wir auf Albumasar zurückgegriffen, sondern vielmehr wegen jener Theorie, die im Mittelpunkt von *De magnis coniunctionibus* steht (einer Schrift, die zwar nicht von Albumasar selbst stammte, aber durch ihn erstmals in die abendländische Debatte eingebracht wird). Die Vorstellung einer *coniunctio* (griech. *synodos*) als »Vereinigung« (*copulatio*) von Sonne und Mond ist bekannt. Al-Battanis strenge Definition im *Opus astronomicum*, 54 lautet: »Wenn eine Begegnung der [Himmels-] Körper auf dem gleichen Längen- und Breitengrad oder in der gleichen Himmelszone stattfindet, verbleiben die Sterne in dieser Konjunktion, bis einer von ihnen sich vom anderen soweit entfernt hat, wie es der halben Länge ihrer beiden Körper entspricht.« Die Konjunktionen der Planeten, zumal diejenigen von Saturn, Jupiter und Mars, verhalten sich im allgemeinen zur Welt wie das Horoskop zum Menschen: sie fungieren als Zeichen und Ursachen großer geschichtlicher Ereignisse. Ibn Ezra meint in *De revolutionibus*: »Sie bezeichnen nicht private Ereignisse, sondern öffentliches Geschehen« (*non significant super particularia, immo super communia*). Auf diese Weise – es wurde bereits erwähnt – determiniert der Himmel die Sukzession von Göttern und Religionen, von Kulturen und Bräuchen. Eine bemerkenswerte Zusammenfassung konjunktionistischer Thesen gibt Ibn Khaldun: »Für Vorraussagen von allgemeinem Interesse, etwa Monarchien oder Reiche betreffend, verwendet man astrale Konjunktionen, vor allem diejenigen von Saturn und Jupiter, d.h. der beiden übergeordneten Planeten ... Die Konjunktionen dieser übergeordneten Planeten teilt man in große, mittlere und kleine. Die große Konjunktion bezeichnet das Zusammentreffen der beiden Planeten im gleichen Grad am Firmament, was nur alle 960 Jahre geschieht [...] Die große Konjunktion ist ein Zeichen für herausragende Geschehnisse: Regierungs- oder Dynastienwechsel, Übergänge der Herrschaft vom einen Volk zum anderen. Die mittlere Konjunktion bezeichnet das Auftreten von Prätendenten auf die Herrschaft. Die kleine Konjunktion verkündet die Ankunft von Rebellen oder Demagogen, den Zusammenbruch von Städten oder städtischer Kultur.«[23]

Das Zitat kann hier getrost abgebrochen werden. Wir wollen jedoch darauf hinweisen, daß ein Ibn Khaldun sich über die Vorraussagen der Konjunktionisten letztlich lustig macht, während hingegen zur gleichen Zeit (also am Beginn des 15. Jahrhunderts) ein Kardinal der Heiligen Römischen

Kirche, Pierre d'Ailly, ohne weiteres zugibt, daß Inkarnation und Geburt Christi vom Himmel abhängig seien: »Ohne voreilige Behauptung, sondern in untertäniger Ergebenheit sage ich, daß die gesegnete Menschwerdung und Geburt Jesu Christi [...] durch die Kraft des Himmels und der Sterne geschahen.« Wie man weiß, hatte Roger Bacon im *Opus maius* das sogenannte Horoskop der Religionen vollständig anerkannt, denn er wiederholte fast wörtlich die Ausführungen Albumasars: »Die Konjunktion des Jupiter mit anderen Planeten bezeichnet nach Auffassung der Philosophen Religion und Glauben. Da es sechs Planeten gibt, mit denen Jupiter in Konjunktion treten kann, meinen sie, die Zahl der großen Religionen (*sectas principales*) dieser Welt belaufe sich auf sechs [...]. Jupiter in Konjunktion mit Saturn bezeichnet die Heiligen Bücher, also das Judentum, das die anderen ebenso an Altertum übetrifft wie Saturn der Vater der Planeten ist. Jupiter mit Mars bedeutet, so sagen sie, das chaldäische ›Gesetz‹, das die Verehrung des Feuers vorschreibt [...]. Jupiter mit der Sonne verweist auf das ägyptische ›Gesetz‹, das die himmlischen Heerscharen verehrt, deren Herr die Sonne ist. Tritt Jupiter in Konjunktion mit Venus, so handelt es sich ihrer Meinung nach um das ›Gesetz‹ der Sarazenen, das ganz und gar sinnenfroh und voller Wollust sei [...]. Geht Jupiter mit Merkur, so kommt das merkuriale ›Gesetz‹ ins Spiel, das christliche [...] bis auch dieses schließlich gestört wird durch das allerletzte ›Gesetz‹ des Mondes: es bezeichnet die Sekte der Antichristen.«[24]

Ibn Khaldun bemerkte ironisch: »Man schrieb weiterhin Verse, Prosa und gereimte Formeln im Überfluß [..] Man nennt dies ›Vorhersagen‹ [...]. Alle diese ›Vorhersagen‹ wurden berühmten Persönlichkeiten zugeschrieben, was freilich niemals nachgeprüft werden kann.« Doch zu gleicher Zeit wüten in Europa die »Konjunktionisten«. Während Ibn Khaldun gerade seine *Prolegomena* ausarbeitete, starb wahrscheinlich Johannes von Eschenden, der zu den Logikern aus Oxford und zum Merton College gehörte und eine *Summa iudicalis de accidentibus mundi* geschrieben hatte. In dieser um die Mitte des 14. Jahrhunderts verfassten *Summa* werden die »großen Konjunktionen« als Zeichen und Ursache der schrecklichen Pest bezeichnet: »Die hohe Sterblichkeit erschütterte die ganze Welt; in vielen Ländern waren Städte und Dörfer verwaist, und die wenigen Überlebenden gaben ihre Häuser und Güter auf. Wegen der Ansteckungsgefahr fürchten sie sich davor, Kranke zu besuchen oder Tote zu begraben. Es gibt mancherlei Beweise, daß dieses vorhergesagte Sterben durch große Konjunktionen ausgelöst wurde.«[25]

Nicolas Oresme und Heinrich von Langenstein hingegen greifen Ende des 14. Jahrhunderts in ihren Werken Wahrsager, Horoskop-Deuter und Konjunktionisten *(divinatores, horoscopios, coniunctionistas)* frontal an; ihre Argumentation ist differenziert und sollte auch in der späteren Polemik des 5. Jahrhunderts eine Rolle spielen. Bezeichnenderweise vereinigt eine wichtige Handschrift des 15. Jahrhunderts (der *Codex Ashburnamianus* 210 in der Florentiner Bibliotheca Laurentiana) die anti-astrologischen Schriften von Oresme und Langenstein in einer Sammlung. Es ist bemerkenswert, daß muslimische und christliche Diskutanten in dieser Hinsicht ganz ähnlich argumentieren – was übrigens bereits Pico della Mirandola aufgefallen war. Oresme schreibt im Jahr 1370: »Von brennender Neugier getrieben, versuchen viele Fürsten und Magnaten durch eitle Künste Verborgenes (*occulta*) zu erfahren und Zukünftiges zu erforschen.«[26] Ibn Khaldun bemerkt um die gleiche Zeit: »Weil sie Unterrichtung über die Dauer ihrer Herrschaft suchen, zeigen Fürsten und Könige für solche Dinge außerordentliches Interesse und höchste Neugier. Jedes Volk hat Propheten, Astrologen oder Heilige, die ihm etwas prophezeit haben: die Begründung einer neuen Macht oder Dyna-

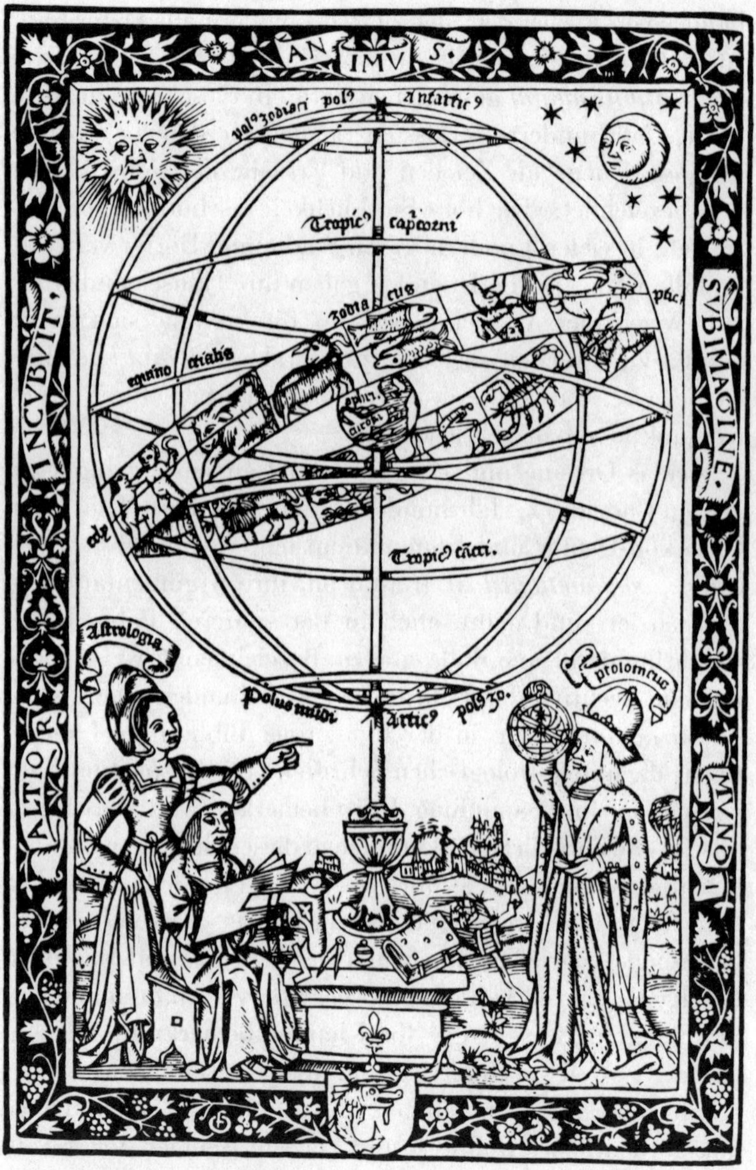

4 Respekt vor Ptolemäus drückt sich in diesem Holzschnitt von E. Schön (1515) aus.

stie, drohende Schlachten oder Kriege, die Dauer des regierenden Herrschergeschlechtes. [...]. Dies alles nennt man gewöhnlich ›Vorhersage‹.«

Die Astrologie verbindet sich also mit ganz verschiedenen Bereichen: Religion, Politik, Medizin und Wissenschaft. Gleichzeitig kennt sie die unterschiedlichsten Anwendungsformen und präsentiert sich als Geschichtsphilsophie oder Ontologie, als fatalistischer Naturalismus oder als Astralkult – und anderes mehr. Der Diskussion der Renaissance gebührt das Verdienst, die Vielfalt der hier versammelten Themen erstmals aufgezeigt zu haben. Zu einem Zeitpunkt, als die *studia humanitatis* mit ihrer Rückkehr zur Antike die unendlichen Astralgottheiten ohnehin zu neuem Leben erweckten, wurden auf diese Weise die inneren Widersprüche und Konflikte der Astrologie erstmals genauer analysiert.

Umso entschiedener muß eine These zurückgewiesen werden, die inzwischen zu einem Stereotyp avancierte: die Behauptung, daß in der Renaissance eine klare Trennung zwischen Astrologie und Astronomie (d.h. zwischen divinatorischer und mathematischer Astrologie) stattgefunden habe. Ebenso müssen allerdings auch die Vereinfachungen kritisiert werden, die mit dieser These einhergehen bzw. sie nur in ihr Gegenteil verkehren. Zu ihnen gehört etwa die verbreitete Vorstellung, daß die Astrologie gerade dem Humanismus und der Rückkehr der Klassiker ihren Aufschwung verdanke.

Am Übergang zwischen Antike und Mittelalter fließen in der Astrologie – wir haben bereits darauf hingeweisen – so ungleichartige und komplexe Elemente zusammen, daß hier jeder Reduktionismus zu kurz greift. Insofern kann auch Franz Boll nicht überzeugen, der davon ausgeht, daß die ptolemäische Ordnung den Kampf um die Astrologie im wesentlichen entschieden habe; der Faszination eines so wohlgeordneten Systems, so meint er, habe man sich seither schwer entziehen können. Doch gerade in der Astrologie brachen damals die lebhaftesten Gegensätze auf: nicht jeder war bereit, unbesehen die »chaldäische Kunst« zu übernehmen, in der die scheinbar widersprüchlichsten Themen aufeinandertrafen. Auch die Einstellung des frühen Christentums war nicht einheitlich: einerseits zelebriert die neue Religion den Triumph der Gottesliebe über die Macht der Gestirne oder des Schicksals; andererseits ist auch die evangelische Lebensgeschichte Jesu nicht frei von astrologischen Motiven. Man denke an den Stern der Weisen zu Betlehem oder an die wundersame Sonnenfinsternis bei Christi Tod. Keine Ursachen freilich, sondern nur Zeichen sollen die Sterne nach christlicher Auffassung sein. Doch wurde diese Unterscheidung auch überall begriffen?

Zur Bewegung des Humanismus stellt Boll fest, dieser habe »die astrologische Denkweise nur verstärken können, da sie zunächst vor allem an Literatur und Philosophie des späteren Altertums anknüpft«. Nichts könnte unzutreffender sein. Erst die entschiedenen, gegen Naturalismus und Wissenschaft gerichteten Bestrebungen des frühen Humanismus entfachen jene hitzige, anti-astrologische Debatte, in deren Verlauf man sich dann auf die Argumente der Kirchenväter beruft. Der Einfluß der Patristik zu Beginn des Humanismus kann nicht hoch genug eingeschätzt werden. Noch fragwürdiger aber ist Boll in jenen Passagen, in denen er Picos Werk zu charakterisieren sucht. »Und Humanist ist auch der Mann gewesen, dessen zum Teil wundervoll klarer Widerspruch stärkeren Eindruck gemacht hat, als der irgendeines anderen Gegners der Astrologie: Graf Pico della Mirandola. Aber wer heute in seine Schriften sich versenkt, den wird nichts so sehr wundern, als daß dieser Denker, in dessen zwiespältiger Natur, mehr noch als der Trieb zu scharfer Kritik, die Mystik des Pythagorismus, des Neuplatonismus, der Kabbala und der Magie Gewalt hatte, die Astrologie so unbedingt verwarf; geradezu alle philosophischen Grundtendenzen, aus denen der astrologische Glaube sich stärkt und vertieft hat, hat er ausgesprochen, und sein tiefer Drang, die Welt als Einheit zu empfinden, hätte ihn schwerlich zu einem so scharfen Streiter in diesem Kampfe werden lassen ohne den erschütternden Eindruck von Savonarolas Predigt.«[27]

Doch nichts wäre ungenauer. Schon lange, bevor Pico sich Savonarola anschließt, verspürt er die Notwendigkeit, den freien Willen des Menschen zu verteidigen. Seine Bemühungen um eine Klärung des Verhältnisses von Mensch und Natur sind ebenso alt wie seine philosophischen Reflexionen. Letztlich entgeht Boll die tiefere Bedeutung der ganzen Astrologie-Diskussion. Vor allem übersieht er, daß sich im Problemfeld von Astrologie und Magie die Hauptwidersprüche der neuen humanistischen Kultur scharf abzeichnen: Damit Wissenschaft allgemeingültig sei, muß sie auf strenger Naturgesetzlichkeit basieren; doch wie ist die Allgemeingültigkeit und Notwendigkeit von Naturgesetzen mit einem freien und schöpferischen Handeln des Menschen zu vereinbaren? Wenn in den Sternen bereits alles geschrieben steht, welchen Sinn besitzt dann menschliches Tun und Streben?

Auch hier erweist sich Petrarca, der hartnäckige Vorkämpfer der Willens- und Handlungsfreiheit des Menschen, als anschauliches Exemplum. Als der Dichter freilich in seiner Schrift *Africa* eine Beschreibung gibt vom »Palast der Wahrheit« (wie er ihn im *Secretum* nennt), so errichtet er an den Hängen des Atlas eine phantastische Konstruktion, die – wie das ägyptische Schloß des Hermes – mit astrologischen Zeichen übersät ist. Er folgt hierin jener magischen Tradition, die uns in der *Picatrix* erhalten ist, einer berühmten arabischen Schrift über Nekromantik (Totenbeschwörung). In diesem Werk der Hermetik besitzt der Schloßturm an seiner Spitze einen leuchtenden Globus, dessen Licht – den Wochentagen entsprechend – die Farben der Planeten annimmt. In Petrarcas Palast symbolisieren mehrfarbige Edelsteine die Planeten, während »ein großer Karfunkel in der Mitte dem Glanz der Sonne gleichkommt und alle Dunkelheit besiegt. Bald hat man den Eindruck, sein Leuchten selbst erzeuge erst den Tag, bald meint man, er vertreibe die Nacht wie das Vorbild der Sonne«. In minutiös ausgefeilten Hexametern beschreibt Petrarca diesen Palast, der nicht nur alle astrologischen Bilder beherbergt, sondern – dies sollte nicht vergessen werden – zugleich auch der Wohnort der Wahrheit ist. Die Beschreibung der Venus mag hierfür ein charakteristisches Beispiel liefern:

> »Venus, nackt und im Meere schwimmend, woher, wie man sagt
> der erste und schändliche Ursprung der Göttin; eine zügellose Muschel
> trug die mit purpurnen Rosen Geschmückte, fliegende Tauben
> folgen ihr immer, und drei nackte Mädchen;
> die erste weist dem Betrachter den Rücken, die anderen beiden
> haben uns zugewandt Antlitz und Augen; ihre Arme aber,
> die makellos weißen, sind ineinander geschlungen wie Bänder.«
>
> *Nuda Venus pelagoque natans, ubi prima refertur*
> *Turpis origo dee, concam lascivam gerebat*
> *Purpureis ornata rosis, volucresque columbas*
> *Semper habens, nudisque tribus comitata puellis,*
> *Quarum prima quidem nobis adversa, sed ambe*
> *Ad nos conversos oculos vultusque tenebant*
> *Innexe alternis percandide brachia nodis.*[28]

Zweites Kapitel

Astrologie und Magie

Picatrix

I.

Die Theorie der »großen Konjunktionen« wurde hier bewußt in den Vordergrund gerückt, auch wenn es sich um eine späte, vor allem von der arabischen Astrologie herausgearbeitete Lehre handelt, die bisweilen von den Astrologen selbst in Frage gestellt wurde. Nach Boll gipfelte diese Theorie in einer Bedrohungsvorstellung, die das Leben der Menschen in Ost und West durch die Ankündigung großer Katastrophen verdüstern sollte. In mancherlei Hinsicht, etwa in Bezug auf das sogenannte »Horoskop der Religionen«, besaß die Konjunktionentheorie jedoch auch ein außergewöhnlich kritisches Potential, nämlich die Fähigkeit, neue Problematiken und Diskussionen anzuregen. Zwar deckt sie den Bereich divinatorischer Astrologie nicht völlig ab und erreicht gewiß nicht die konzeptionelle Bedeutung der »genitura« bzw. der »Nativitäten« (d.h. des Geburtshoroskops). Doch der eigentliche Wert der Theorie der »Großen Konjunktionen« liegt in der Annahme einer globalen Konzeption der Wirklichkeit, d.h. in einer Ontologie, die gleichzeitig eine aussagekräftige Geschichtsphilosophie impliziert. Durch die Einbeziehung der Offenbarungsreligionen in ein kosmisches Geschehen ordnen diese sich gewissermaßen der Entstehung eines Ganzen unter; alle kulturellen Rhythmen werden nun gleichsam von absoluten Naturgesetzen determiniert. Das Zeitgeschehen, die geographische Wanderung von Kulturen und Religionen, die Hegemonie von Individuen und Völkern – all dies ist in demselben Maße dem universellen kosmischen Rhythmus unterworfen, wie der Charakter von Individuen oder Nationen vom Klima determiniert ist. Wie Sterne aufsteigen, am Horizont erscheinen und wieder verschwinden, so halten es auch Städte, Reiche oder Kirchen: sie blühen und welken, altern und sterben – und zuweilen erwachen sie zu neuem Leben. Die Idee der *renovatio* oder *rinascita* (»Wiedergeburt«) ist – wie gesagt – ursprünglich selbst astrologischer Herkunft.[1]

So erklärt sich die tiefe Spannung zwischen der humanistischen Dimension der Renaissance, die das freie Handeln des Menschen dem Naturdeterminismus entgegenstellt, und der Auffassung einer zyklisch vollzogenen Wiedergeburt, die alle historischen Ereignisse den Himmelsbewegungen unterzuordnen scheint. Auch die Bemühung, die menschliche Handlungsfreiheit durch eine Arbeit der Aufklärung und Vertiefung zu sichern, wird in diesem Zusammenhang verständlich. Ohne daß die Postulate der Rationalität und der Wissenschaftlichkeit darunter leiden, wird im Innern der Astrologie nun getrennt zwischen einer rationalistischen Weltsicht und der Möglichkeit zu individuellen Entscheidungen. Auch hier ist wieder die Haltung Petrarcas symptomatisch; es ist ihm keineswegs entgangen, welche Konsequenzen die aristotelische Physik nach sich ziehen muß, die bezeichnenderweise ebenfalls über die Schriften Albumasars im Abendland Eingang fand. Petrarca ist sich durchaus im klaren, daß der astrologische Determinismus Kultur auf Natur und die »bürgerliche Gesetzgebung« (*justicia civile*) auf das Naturrecht – d.h. auf die Notwendigkeit von Naturgesetzen – zurückführt. Mit der gleichen

Klarheit erkennt er, in welchem Maße dieser Determinismus auch die latente Schwachstelle des Aristotelismus geerbt hat: den »Physizismus« und »Szientismus« der scholastischen Schulen. In seiner berühmten *Invectica contra eum qui maledixit Italiae*, ein wahrhaftiges Plädoyer gegen die Scholastik im allgemeinen und die Sorbonne im besonderen, scheut er sich nicht, die gesamte griechische Wissenschaft zu verwerfen. »Anstatt eine *Physik* zu verfassen«, so ruft er aus, »hat Cicero *Über die Gesetzgebung* geschrieben oder über das Alter, die Freundschaft, den Trost, den Ruhm, den Redner und die vollendete Rede gehandelt [...]. Auch Varro hat keine *Metaphysik* geschrieben, sondern fünfundzwanzig Bücher über den Menschen und sechzehn über die Götter[...]. Statt eine *Metaphysik* zu schreiben, hat er über Philosophie und Poesie gehandelt, über die lateinische Sprache und das Leben der Vorfahren [...]. Wir sind nämlich weder Griechen, noch Barbaren, sondern Italiener und Lateiner (*Sumus enim non greci, non barbari, sed itali et latini*)«.[2]

Das Menschsein, die Humanität, die conditio humana sind gekennzeichnet durch Freiheit, durch die Fähigkeit, eine Welt des Menschen jenseits der Notwendigkeit der Dinge zu errichten, physische Kausalität zu überwinden, zu beherrschen und zu benutzen. Es handelt sich um eine Fähigkeit, die über der Natur eine Kultur entstehen läßt, anstatt das kulturelle Leben durch die Zwänge und Erfordernisse der Natur zu ersticken. In einem Brief an Francesco Bruni (*Seniles* I,7), der vom Tode handelt, bestreitet Petrarca die Möglichkeit, daß Gestirne nur Zeichen, aber keine Ursachen seien; und gleichzeitig unterscheidet er von den Dingen, ihrer Gesamtheit bzw. dem physikalischen Universum das Prinzip dieses (nicht-physikalischen) Universums. Das Licht der Gestirne trennt er vom Licht des Lichtes, das Licht der Augen vom Licht des Geistes. Insofern die Astrologen »auf dem Beobachtungsposten ihrer Dächer die himmlischen Heerscharen, die Sonne, den Mond und die Sterne verehren und im Aufgehen und Untergehen der Gestirne eine Ursache menschlicher Ereignisse erblicken«, verwechseln sie die verschiedenen Wirklichkeitsebenen und vertauschen, streng genommen, Ursachen mit Wirkungen.

Petrarcas Ablehnung der Astrologie ist durchaus radikal. Indem er sich von den Sternen abkehrt und den Menschen in den Mittelpunkt seiner Weltauffassung stellt, wendet er sich nicht gegen Vorhersagetechniken bzw. gegen eine bestimmte Wissenschaft als solche, sondern gegen eine Weltanschauung, die auf der Natur bzw. ihrer physikalischen Unwandelbarkeit basiert. Im entscheidenden Punkt ist diese Ablehnung – anders als Boll meint – kompromißlos und ohne Nuancierungen, während bei anderen Autoren – auch jenen, die Petrarca nahestanden – solche Nuancierungen und Differenzierungen durchaus nicht schwer aufzufinden sind. Ein Bernhardin von Siena (1388-1444) war trotz seiner tiefen Frömmigkeit bereit, die Gültigkeit der Astrologie anzuerkennen, zumindest auf physikalischer Ebene, d.h. in der Welt der Körper. Planeten und Konstellationen regieren den Körper, so behauptete er 1427 in einer Predigt auf dem Campo di Siena: wer einen Baum fällen oder eine Medizin verschreiben will, dem wird geraten, zuvor den Himmel zu betrachten. »Wird einem Kranken eine Medizin verabreicht , so beobachtet man, daß der Arzt sagt: diese hilft nur, wenn sie an einem bestimmten Tag eingenommen wird. Gibt man sie an einem Tag, der über jeden Verdacht erhaben ist, mag sie nützen; gibt man sie jedoch, ohne achtgegeben zu haben, um welchen Tag es sich handelt, ein anderes Mal, so kann sie schädlich wirken.«[3]

Gleichsam auf dem Wege strenger Gewaltenteilung, vermeint Bernhardin von Siena also, die Sterne *und* die Seele retten zu können. »Das andere Reich ist spirituell; es gehört der Seele, die sich über alles Körperliche erhebt. In ihrer Größe und Tugend steht die Seele über der ganzen Erde, über Wasser, Feuer und Luft, ja über allem, was diesen Elementen zugehört. Die Seele steht über dem Mondhimmel und dem Himmel von Merkur oder Venus, von Sonne, Mars, Jupiter oder Saturn, sowie über allen Zeichen, die in diesem Himmel sind. Sie steht über den 72 Konstellationen.« Doch mit dem unauflösbaren Widerspruch zwischen menschlicher Willensfreiheit und physikalischer Notwendigkeit beginnen die Schwierigkeiten. Bernhardin schickt sich an, die Lehren der Astrologen gegen diese selbst zu kehren, indem er die Macht des freien Willens unterstreicht. »Bei Gott, so höre den Spruch der Heiden, ob er wahr sei. *Sapiens dominabitur astra*: ›der Weise bezwingt die Sterne‹. [...] Verabreichen die Ärzte, die sich mit Planeten, Zeichen und Konstellationen auskennen, einem Kranken ein Heilmittel, so geben sie dies in gebührender Weise und geringfügiger Dosis ... Diese kleine Dosis aber raubt dem Planeten in der Umlaufbahn einen Teil seiner Kraft [...].« Gleichsam unbewußt und ohne dies weiter zu vertiefen, berührt Bernhardin hier einen der heikelsten inneren Widersprüche der Astrologie: die Beziehung zwischen Theorie (d.h. dem »Lesen der Sterne«) und Praxis. Noch schärfer sollte sich dieses Problem dem Coluccio Salutati stellen, einem Nachfolger Petrarcas, der sich mehrfach und mit expliziten Stellungnahmen in der anti-astrologischen Polemik engagierte. In Prosa und Versen betonte Salutati, die Wurzel aller Auseinandersetzungen über die divinatorische Astrologie sei offensichtlich. Sie liege in dem unaufhebbaren Gegensatz zweier Weltanschauungen: die eine basiere auf astrologischem Determinismus und leugne jede Freiheit und somit das Humanum als solches; die andere gründe in der Kultur des Humanismus, d.h. in der Überzeugung von der Freiheit menschlichen Handelns. Salutatis Stellungnahme ist allerdings weder simpel, noch völlig frei von Akzentverschiebungen. Im Juli des Jahres

1378, einige Jahre nach dem Ableben Petrarcas, schreibt er: »So sollst du die Sterne gebrauchen und dem Himmel vertrauen, daß du dem Menschengeschlecht den freien Willen läßt; denn nimmst du ihm diesen, beseitigst du im gleichen Atemzug Menschliches und Göttliches« (*utere sic astris, sic celo crede, quod ultro / arbitrium saltem cum libertate relinquas humano generi; quod si conere probando / tollere, divina simul mortalia tollas*). Diese Verse sind an den Astrologen Jacopo Allegretti da Forli gerichtet, der »aus Wesen, Stellung und Einflüssen des Sternes Mars« den Krieg zwischen Florenz und dem Heiligen Stuhl in den Jahren 1375-78 vorhergesagt hatte. Salutati wird sie später in die dritte Abhandlung (Kap. 1) seines Hauptwerkes *De fato, fortuna et casu* (»Über Bestimmung, Schicksal und Zufall«) einfügen. In diesem Traktat behandelt er auch die divinatorische Astrologie und ihre Vertreter (etwa Cecco d'Ascoli), denen er Eitelkeit (*vanitas*) zum Vorwurf macht; doch gleichzeitig arbeitet er auch die Widersprüche und Ambiguitäten der ganzen Polemik, ja des Streitobjektes selbst heraus.[4] Angenommen, es sei tatsächlich nützlich, das Geheimnis der Sterne zu kennen: wie entgeht man in diesem Fall den himmlischen Beschlüssen? Und wie gelangt man zu jener Erkenntnis des gesamten Naturuniversums, die für sichere Vorhersagen unabdingbar scheint? 1366 bemerkt Salutati in seiner Totenklage für den Astrologen Paolo Dagomari, daß die Regierenden der Staaten gut daran tun, die Zukunft zu befragen. Gründen Vorhersagen auf Forschung oder Eingebung, auf *studium* oder *ingenium*? Kann man im Bereich der Astrologie überhaupt von wissenschaftlicher Forschung sprechen? »Verfolgt man die Entwicklung der Himmelsforschung seit Ptolemäus«, so Salutati weiter, »dann bemerkt man, daß die Astronomen von einem Irrtum in den nächsten verfielen und daß bis heute allerlei Unklarheiten hinsichtlich ihrer Berechnungsmethoden bestehen. König Alfons wiegte sich in dem Glauben, in seinen ›Tafeln‹ endlich perfekte Meßangaben geliefert zu haben, doch auch hier zeigten sich sehr bald Ungenauigkeiten. Doch wie sollte es – selbst bei voller Kenntnis der Himmelssituation – möglich sein, von gleichförmigen Ursachen individuelle Unterschiede abzuleiten? Wie von derselben Konstellation die unterschiedliche Entwicklung von Zwillingen? »Nun sag' uns schon, weshalb die Sterne Zwillingen ein so unterschiedliches Schicksal bereiten? Warum regiert der eine, während der andere dienen muß?« (*dic pur tam dissona fata gemellis/ sidera dispensant/ cur imperat ille, sed iste servit*).[5]

Zur heillosen Aporie spitzen sich solche Fragen allerdings erst dort zu, wo Praxis und Theorie aufeinandertreffen, d.h. wo die theoretische Schicksalserkenntnis mit jenen Praktiken kollidiert, die es angeblich erlauben, dem Schicksal zu entrinnen bzw. wo – noch viel grundsätzlicher – nicht nur die Himmelskonstellation, sondern auch das Spiel menschlicher Gefühls- und Seelenregungen zur Basis der Vorraussagetechnik wird. An einem bestimmten Punkt seines Traktates *De fato* sieht sich Salutati daher gezwungen, mit der Geomantik und ihrem Verhältnis zur Astrologie abzurechnen. Diese Geomantik (»Weissagung aus der Erde«) entfernt sich von einer reinen Analyse astraler Konstellationen – und damit auch von Konjunktions- oder Nativitätstheorien – und verbindet sich stattdessen mit sogenannten »Interrogationen« bzw. »Elektionen«, d.h. Lehren und Techniken, die vor allem auf einer Auswahl und Befragung einzelner Begebenheiten des Alltagslebens beruhen. Diese »Interrogationen« und »Elektionen« sind nur sinnvoll, wenn auch die Möglichkeit besteht, das Schicksal durch Präventivmaßnahmen zu durchkreuzen, und sich dem Menschen immer wieder von neuem die Möglichkeit einer Entscheidung bzw. Wahl zwischen Handlungsalternativen bietet, wodurch ein bestimmtes Mißgeschick vermieden werden kann. Man begreift nunmehr, wie es dem Weisen (*sapiens*) gelingen kann, die Sterne zu beherrschen. Wenn die Himmelskonstellation zum Zeitpunkt der Geburt oder der Empfängnis das menschliche Schicksal determiniert, wenn Konjunktionen seit Jahrtausenden den Religions- und Kulturwandel, d.h. das Kollektivschicksal der Menschheit bestimmen, dann verwandeln die »Interrogationen« und »Elektionen« der Geomantik die schicksalshafte, planetarische Gebundenheit des Menschen in eine Wahlverwandschaft. Oder frei nach Platon: wenn es stimmt, daß der Daimon (oder Stern) sich seinen Menschen sucht, so ist das Gegenteil nicht weniger wahr. Auch der Mensch, so scheint es, wählt sich manchmal seinen Dämon oder Stern. Es sind nicht nur die *Interrogationes* selbst , die im Bereich der divinatorischen Astrologie die unterschiedlichsten Argumente aktivieren; es ist vor allem die Geomantik, die solches bewirkt. Himmlische Einflüsse oder tiefenpsychologische Reaktionen überlagern sich hier: ein Himmelszeichen kann nicht nur im Buch der Sterne, sondern auch in jenen Reflexen dechiffriert werden, die der stellare Einfluss im Innern eines Individuums bewirkt. Da der astrale Influx im innersten Bereich des Menschen seine Wirkung entfaltet, ja sich darin gleichsam einprägt oder einschreibt, so erscheint der Mensch als ein Blatt, worin die Sterne ihre Dispositionen niedergelegt haben. Freilich bedarf es hier der Dechiffrierkunst, da sich alles jenseits unseres bewußten Willens abspielt.[6]

Ibn Khaldun hat in jener bewährten Klarheit und Kürze, die man in lateinischen Arbeiten vergeblich suchen wird, aufgezeigt, wie weit sich die arabischen Astrologen in dieser Frage von Ptolemäus entfernen, der sich bekanntlich an einer weitgehenden Rationalisierung bzw. Mathematisierung der Sternenkunde versucht hatte. Außerdem erkennt Ibn Khaldun in den »Interrogationstechniken« der Geomantik einen zweifelhaften Rückgriff auf das psychisch Unbewußte: für ihn sind astrologische Befragungen sinnvoll als rein mathematische Rekonstruktion einer spezifischen Situation in einem bestimmten Moment, d.h. nur im Zusammenhang mit einer Himmelsbeobachtung zu einem Zeitpunkt x, aber ohne jede »Psycho-Analyse« des Fragestellers. »Ptolemäus«, so schreibt er, »hatte ausschließlich von Nativitäten und Konjunktionen gesprochen, die seines Erachtens durch Gestirne und Sphärenpositionen in der Welt der Elemente beeinflußt werden. Die folgenden Astrologen sprachen hingegen von ›Befragungen‹ (*interrogationes*), die sich auf die Entdeckung des Unbewußten beziehen sollten. So wurde das Unbewußte in Beziehung gesetzt zu astralen Sternbildern (›Häusern‹) bzw. den sie bestimmenden Regeln [...].«

Daß Astraleinflüsse durch symmetrische Übertragung bzw. Widerspiegelung unbewußte psychische Bewegungen bestimmen können, bestreitet Ibn Khaldun und bemerkt: »Unbewußte Gedanken sind seelische Tatsachen außerhalb der Welt der Elemente und weder durch Stern- noch Sphärenpositionen beeinflußt, da beide in dieser Hinsicht keinerlei Hinweise geben können. Die Technik der ›Befragungen‹ aber wird in der Astrologie als deduktive Methode angesehen, die auf den Untersuchungen der Gestirne und Sphärenpositionen beruht.« Die Technik der ›Interrogationen‹ muß Ibn Khaldun zufolge sowohl von der Sondierung des Unbewußten unterschieden werden, als auch von allen Formen des Hellsehens, wie sie etwa jene Geomanten praktizieren, welche die Zeichen deuten, die ein Fragesteller selbst spontan hervorbringt. Doch wird eingeräumt, daß Geomanten, »die sich um ›Enthüllungen‹ bemühen, indem sie ihre Sinne auf die Deutung von Figurenkombinationen konzentrieren, durchaus zu einer intuitiven Erfassung verborgener Dinge gelangen können, wenn sie sich dabei von jeder sensoriellen Wahrnehmung befreien.«[7]

Die Ausführungen sind, wie man sieht, insofern durchaus subtil und scharfsinnig, als hier jene unbewußten Mechanismen und spirituelle Intuitionen benannt werden, die in manchen Divinationstechniken im Spiele sind. Doch Ibn Khaldun sieht diese keineswegs als übernatürliche, sondern allenfalls als außernormale Phänomene an: nicht mit *miracula* haben wir es hier zu tun, sondern mit *mirabilia*. Was Ibn Khaldun freilich – im Gegensatz zu den Polemikern der Renaissance – übersieht, ist der Abstand, ja der grundlegende Widerspruch, der die Theorie der *interrogationes* (= *eroteseis*) bzw. *electiones* (= *katarchai*) von den theoretischen Bemühungen des Ptolemäus und seiner Doktrin der *genitura* trennt. Im Sinne der Genitur ist der Anfangspunkt eines Individuums (d.h. seine Geburt oder Empfängnis) gleichsam ein Gefängnis, in das jede weitere Entwicklung eingesperrt bleibt. Der Sternenhimmel fixiert in einem punktuellen Moment – dem Ursprung, der Schicksalsstunde – den ganzen weiteren Verlauf der Existenz. Ein für allemal, in einem entscheidenden Punkt, ist das Schicksal hier besiegelt: in jenem Punkt nämlich, wo die Konstellation der Gestirne ein neu erscheinendes Wesen gleichsam mit der algebraischen Summe ihrer eigenen Strahlungen auflädt.

Fixieren also die Sterne mit der Genitur unsere Schicksalsbestimmung, so erschließt sich der Mensch durch die Technik der Interrogation offene Handlungsalternativen, entdeckt jene neutralen Intervalle und Momente, in denen der Prozeß noch umkehrbar ist und jedermann seinen persönlichen Stern wählen kann. Das *Speculum astronomiae* (»Spiegel der Astronomie«), das entweder Roger Bacon oder – was wahrscheinlicher ist – Albertus Magnus zugeschrieben wird, präzisiert diesen Zusammenhang: »Manche Interrogationen erlauben es, über den fraglichen Gegenstand ein grundsätzliches Existenzurteil abzugeben (*judicare de re cum intentione radicali*). Trifft – so wird in einem Ausschlußverfahren gefragt – ein Ereignis ein oder trifft es nicht ein? Wenn ja, weshalb und wann trifft es ein? Wenn nein, wodurch wird es gehindert?« Die Wahl hängt also von einer Konvergenz zwischen Befragung und Sache ab, zwischen *interrogatio* und *res*. »Derjenige, dessen Nativität festgestellt wurde, kann durch einen Teil der »Elektionen« lernen, den günstigsten Zeitpunkt für ein Unternehmen zu wählen – und zwar, indem sich derjenige, der eine Sache unternimmt, demjenigen fügt, der seine Nativität bestimmt hat« (*per convenientiam domini rei cum significatore nativitatis ejusdem*).

All dies impliziert eine ganze Reihe unterschiedlicher Verstehensmöglichkeiten der *genitura*-Theorie. Wenn die Nativitäten »natürliche Dinge« (*res naturales*) sind (wie das *Speculum* nicht umsonst bemerkt), dann sind die *interrogationes* (und *electiones*) notwendigerweise »den natürlichen Dingen ähnlich« (*similes naturalibus*). Doch in Wirklichkeit ist der anfänglich wirkende Einfluß nicht mehr völlig auf den Ausgangspunkt konzentriert, sondern wirkt wie eine Saat, die erst in den sukzessiven Momenten des Lebens aufgeht. In gewisser Hinsicht wird der Mensch in jedem Augenblick seines Lebens neu geboren, und der Himmel setzt seine anfängliche Einwirkung zwar fort, doch dies gleichsam nur in diskontinuierlicher Kontinuität. So kann es geschehen, daß der Fragesteller dem Astrologen durch die Frage selbst das Geheimnis einer Genitur enthüllt und der »Augenblick« der Frage wiederum als Moment der Nativität, ja sogar als neue Geburt betrachtet werden kann. »Wenn die Nativität unbekannt ist, so nimm' stattdessen den Augenblick der Befragung als durchaus zuverlässigen Fixpunkt (*interrogationem ipsam accipe pro radice*); denn so einer fragt, so hat er bereits den Weg durchlaufen, von der Nativität, zu jenem Guten oder Schlechten, das diese bedeutet (*significavit*).« Bemerkenswerterweise läßt das *Speculum* – im Gegensatz zu den Feststellungen Ibn Khalduns – die Befragung selbst all jene unbewußten Antriebe zutage fördern, die auf die Genitur zurückgehen. Durch sein Verhalten, seine Art zu fragen, durch seine ganze Einstellung enthüllt also der Fragende die Zeichen seines Schicksals. Haly Albohazen, der berühmte Astrologe, schreibt: »Wenn jemand zu dir kommt, dessen Absicht du nicht kennst, aber gerne kennenlernen möchtest, so laß ihm die Wahl, wo er zu sitzen beliebt, und betrachte dann, wo er Platz genommen hat [...].« Die offenen Möglichkeiten und befreienden Entscheidungen aber werden sich umso deutlicher darstellen, je besser und je genauer es dem Astrologen gelingt, die Beziehungen zwischen dem Fragesteller und der Himmelskonstellation herauszuarbeiten.[8]

Wie bereits gezeigt und auch durch Ibn Khaldun hervorgehoben wurde, war dieses psychologische Wirrwarr Ptolemäus, dessen divinatorische Astrologie ja ganz auf mathematische Strenge setzte, fremd. In dieser Frage war sich Pietro d'Abano mit Ibn Ezra einig: »Ptolemäus hat die Existenz von ›Revolutionen‹ und ›Nativitäten‹ zwar zugestanden [...], doch die Wahrheit der ›Interrogationen‹ anzuerkennen lehnte er ab. [...]. Gleichwohl versicherte Doronius (Dorotheus von Sidon), sie seien wahr.«[9] Es geht hier, wie gesagt, um die Frage einer Verbindung zwischen Theorie und Praxis, zwischen der Erkenntnis des Kosmos (sowohl in seiner himmlischen, als auch seiner elementaren Sphäre) und ihrer praktischen Umsetzung. Diese Verbindung konstituiert ein heikles Scharnier, das die Astrologie mit der operativen Magie (»der praktischen Seite der Naturwissenschaft«) verknüpft – genau genommen ein heilloses Ineinander von Himmelskonfigurationen und psychischen Mächten, Einbildungskraft und Gefühl, Sternzeichen und körperlichen Einflüssen. Wir betreten hier, so könnte man auch sagen, jenes Reich und jene Wissenschaft, die von Bildern, magischen Zeremonien und Talismanen handelt. Im *Speculum* liest man etwa: »Ich sagte, daß ein Teil der ›Interrogationen‹ zur Wissenschaft der Bilder (*imaginum scientiam*)

5 *Die »Stier«-Wand der Fresken des Palazzo Schifanoia in Ferrara. Oben Venus als Beherrscherin des Stieres, in der Mitte die drei indischen Dekane des Tierkreiszeichens, unten das Hofleben im Stier-Monat (April).*

gehört, wobei nicht beliebige Bilder gemeint sind, sondern astronomische.« Als Paradebeispiel wird das *Corpus hermeticum* zitiert: »Unter den Büchern des Hermes gibt es das Buch der Bilder Merkurs (*liber imaginum Mercurii*) mit zahlreichen Traktaten: einer handelt von den ›Charakteren‹ Merkurs, ein anderer von seinen Ringen, ein dritter von seinen Siegeln.« Dieser Aspekt des Hermetismus ist untrennbar verknüpft mit seiner »Theologie«, die zwar erst in der zweiten Hälfte des 15. Jahrhunderts große Triumphe feiern wird, sich aber schon vorher über unerwartete Kanäle einen Weg ins ausgehende 14. Jahrhundert bahnt.[10] An diesem Punkt – also durch die Mediationskraft der Bilder, deren Aufgabe die Verdichtung und Lenkung der himmlischen Kräfte ist – kommt wieder das alte Erbe der Astralkulte zum Tragen. Die mathematische Definition der Himmelskonstellationen wird hier ersetzt durch Versuche, ihre Folgen zu beeinflussen, d.h. zu beherrschen und zu lenken. Statt in Rechenkünsten übt man sich jetzt in Exorzismen, Losorakeln und Gebeten; die Himmelskörper aber nehmen wieder die Gestalt von Göttern oder Dämonen an. Nicht nach Maß und Zahl, in kalter Sachlichkeit werden hier die »Sternkonstellationen« des Neugeborenen betrachtet, sondern mit Freude oder Schrecken – erscheinen sie doch als je glücklich oder unselig, wohlwollend oder bösartig. Die Strahlungen entstammen nicht länger einem Spektrum elementarer oder quantitativ variabler Qualitäten, sondern sind jetzt freundliche oder feindliche Blicke göttlicher Geister. Mars und Venus, Sonne und Mond, Jupiter und Saturn erhalten die Attribute jener antiken Gottheiten, nach denen sie benannt sind; jeder Punkt, jeder Ort der Sphäre bevölkert sich mit Dämonen, Fabeltieren und lebendigen Zeichen. Auch die Himmelskarte ist nun nicht mehr jener wohlproportionierte Rahmen physikalisch determinierter Körper, deren Position und Entfernung meßbar ist und deren Strahlung sich je nach Einfallswinkel verstärkt oder

6 Die »Widder«-Wand der Fresken des Palazzo Schifanoia in Ferrara. Oben Minerva als Beherrscherin des Widders, in der Mitte die drei indischen Dekane des Tierkreiszeichens, unten das Hofleben im Widder-Monat (März).

abschwächt, d.h. in unterschiedlicher Intensität wirkt. Stattdessen erhebt sich jetzt über unseren Häuptern ein schönschreckliches Gebäude, worin sich dämonische Geister, boshafte und gutwillige Gottheiten samt einem unübersichtlichen Gefolge befinden, die ihre verschiedenartigen, todbringenden oder belebenden Einflüsse zur Erde herabschleudern. Selbst der »sanfte« Petrarca singt: »Dort oben die Dinge – man schaut sie wie buntes Getier, mit schrecklichen Gesichtern und in verschiedenartigen Formen« (*hec supra horrificis diversa animalia passim / vultibus et variis cernuntur figuris*). In dieser Welt aber muß man versuchen, die kosmischen Strahlungen zu neutralisieren, d.h. abzulenken und umzuformen: Wenn es sich um günstige Einflüsse handelt, mag man sie zusammenzwingen und verdichten wollen; liegen aber schädliche Strahlungen vor, so wird man sie mithilfe von Steinen, Ringen oder Siegeln zu zerstreuen oder abzuschwächen suchen. Und damit nicht genug: man muß die Dämonen austreiben und die Götter anrufen, sie durch Bilder des Trugs oder der Verführung einfangen, mit einem Wort, in den Zauberkreis der Geister eintreten.

Magie und Astrologie erscheinen, wie man sieht, stets eng miteinander verbunden. In doppelter Hinsicht: die eine wie die andere basiert zunächst auf einer allgemeinen Welt- oder Geschichtsanschauung, die sich jeweils an den strengen Postulaten der Wissenschaft oder Technik orientiert; beide präsentieren sich andererseits als komplexes Erbe antiker Glaubensvorstellungen und Kulte, d.h. transportieren Bilder aller Art. Die Grenzscheide zwischen beiden Aspekten verläuft leider nicht geradlinig oder gut sichtbar, und selbst bei größter Sorgfalt sind hier präzise Distinktionen ein mühsames Geschäft. Gewiß, die größere methodische Strenge der wissenschaftlichen Medizin sperrt sich zunächst – genau wie Pico es wollte – gegen die Vorstellung astraler Einflüsse oder den

Glauben an die Wirksamkeit magischer Formeln und Talismane. Doch selbst die seriösesten Ärzte achten auf die zyklische Wiederkehr kritischer Tage oder die Übereinstimmung biologischer Perioden mit der Mondphase, ja halten die therapeutische Wirksamkeit von suggestiven Formeln, die an unsere Einbildungskraft oder Emotion appellieren, für durchaus erwiesen.

Was Ibn Khaldun betrifft, so denunziert er mit gewohntem Scharfsinn das Durcheinander von Astrologie, Magie und abergläubischen Kulten: »All dem muß man zunächst einmal Rechnung tragen, um es dann aber genau zu unterscheiden... [...]. Die Konfusion entsteht mit der Ähnlichkeit [...]. Magie und Talismane zeigen, auf welche Weise der menschliche Geist die Elemente beeinflussen kann: entweder direkt, dann spricht man von Magie; oder kraft himmlischer Vermittlung, dann handelt es sich um Talismane. Die verschiedenen Religionen haben diese Wissenschaften verboten – nicht nur wegen ihrer Gefährlichkeit, sondern auch, weil sie die Seele zu den Gestirnen und anderen Gegenständen hinlenken und von Gott ablenken.« Dieser radikale Rationalismus scheint die Vorwürfe des Johannes Pico um fast ein Jahrhundert vorwegzunehmen, ja sogar in einigen Punkten noch zu überbieten: Ibn Khaldun verwirft die Astrologie letzlich en bloc, indem er die Magie auf ein reines Spiel der Illusionen reduziert. Der Geschichtsphilosoph betrachtet sie, genauer gesagt, einerseits als eine kultische Verehrung falscher Gottheiten, andererseits als wirkungslose Einbildung. Die Verknüpfung von divinatorischer Astrologie und zeremonieller Magie entartet unvermeidlich zu einer betrügerischen und gottlosen Angelegenheit. »Die Magie bedient sich hier der Einbildungskraft des Betrachters, und der Magier oder Astrologe kreiert Gespenster, Bilder und Formen, die er anschließend manipuliert. Durch seine Körperkräfte bewirkt er, daß dies alles bis in die sinnliche Wahrnehmung der Anwesenden herabsteigt. So entsteht bei den Teilnehmern der Glaube, derartige Illusionen existierten tatsächlich, obwohl es sie in Wirklichkeit gar nicht gibt. ... Die Philosophen sprechen in diesem Fall von Illusionismus. ... Alle diese magischen Übungen haben nur ein Ziel: den Geist durch diverse Gesten der Ehrerbietung und Anbetung, Unterwerfung und Erniedrigung auf Himmelssphären, Sterne, höhere Welten und Dämone zu lenken. Woraus klar ersichtlich wird, daß die Praktiken der Magie letztlich dazu führen, etwas von Gott verschiedenes anzubeten. ... Folglich ist die Magie gottloser Frevel.«[11]

Im Gegensatz hierzu sind die Analysen Picos darum bemüht, die natürliche Magie zu retten und ihren szientifischen Status – d.h. ihren Chrakter als praktische Wissenschaft – zu definieren. Überhaupt wird im 15. und 16. Jahrhundert, im Bereich der Medizin und darüber hinaus, jene Theorie Avicennas großen Erfolg haben, welche der Imagination eine reale Wirksamkeit zuschreibt, d.h. eine Möglichkeit, nicht nur Illusionen, sondern reale Wundereffekte zu erzielen. »Was Glauben und Einbildung alles bewirken können«, schreibt Pomponazzi, »*quantum faciat fides et imaginatio*, darüber kann nicht der geringste Zweifel bestehen«; doch er möchte durch dieses Zugeständnis die sogenannten Wunder in den Rang natürlicher Phänomene erheben. Pietro Pomponazzi (1462-1525) beruft sich auf Avicenna, den er allerdings »gegen den Strich« liest und naturalistisch deutet. Gleichzeitig wendet er sich ganz entschieden gegen Ficino, der seinerseits gerne »den guten Rat« des Avicenna angenommen hätte: »Wisse, die Natur ist voller Wunder und die oberen Aktivkräfte verbinden sich mit den unteren Passivkräften, um außergewöhnliche Dinge zu bewirken.«[12] In seiner Verteidigung der natürlichen Magie spricht Pico della Mirandola von »Hochzeiten«, von der Vermählung zwischen Himmel und Erde: *Magicam operari non est aliud quam maritare mundum* (»Magie ausüben, heißt nichts anderes, als die Welt zu vermählen«). Ein kritischer Geist wie Galeotto Marzia da Narni, der ja kürzlich auf dem »Colloque international de Sommières« über »Aspects du libertinisme au XVIe siecle« als »Pionier der Gedankenfreiheit im XVI. Jahrhundert« apostrophiert wurde, rühmt Avicenna in seiner Verteidigung der divinatorischen Astrologie gegen die Kritik des Averroes, weil er auf medizinischem und experimentellem Gebiet divinatorische und magische Praktiken sinnvoll angewendet habe. Um das Jahr 1490 schreibt er in *De doctrina promiscua*: »Averroes kritisiert Dinge, die er nicht kennt. Wenn er die Aussagen des Avicenna kommentiert, weiß er nicht, wovon er spricht. Avicenna ist der Ansicht, daß das Leben des Menschen von seiner Genitur abhänge – entsprechend der Disposition des Gebers der Lebensjahre (*alchochoden = oikodespotês tês gheneseôs*, d.h. des »Herrn der Genitur«) [...] Dies also – und nicht die Hand des Arztes, die das Leben verkürzt oder verlängert – ist die Bedingung der Genitur. Manlius sagt ganz richtig [IV, 16]: ›Wir sterben, indem wir geboren werden (*nascentes morimur*), denn unser Ende hängt von unserem Beginn ab‹ (*finisque ab origine pendet*) [...]. Wer die Astrologie ignoriert, der ist nur dem Namen nach Arzt, aber nicht in Wirklichkeit«. Und weiter: »Nach Avicenna hat die menschliche Seele eine Kraft zur Verwandlung der Dinge (*vis rerum immutandarum*). Beim Menschen realisiert einige heftige Leidenschaft (*affectus vehementissimus*) unverzüglich jenes, wonach sie strebt. Die Magier bestätigen dies, und auch die christliche Wahrheit, heißt es doch: ›Wenn ihr Glauben hättet wie ein Senfkorn, dann könntet ihr zu diesem Berg da sprechen: Rücke weg von hier dorthin, und er würde wegrükken, und nichts würde euch unmöglich sein‹ (Mt 17,20). Wer aber wissen will, was der Glaube, diese heftige Begierde, in uns bewirkt, der merke auf die Worte Galens [...]: ›Ein Arzt, dem die Kranken vertrauen und sich anvertrauen, heilt besser‹ [...]. Avicenna hat also recht, wenn er behauptet [...], daß dieser Vertrauensakt mehr bewirkt, als alle Instrumente und Medikamente zusammengenommen.«[13]

II.

In einer seiner neunhundert berühmten *Conclusiones* schreibt Pico della Mirandola: »Was der Magier technisch bewirkt, vollbringt die Natur natürlich, indem sie den Menschen hervorbringt.« Die Rede ist von jenem Menschen, den Pico gleichzeitig als großes Wunder bezeichnet, als *magnum miraculum*. Als homo faber, als Handwerker hat der Mensch gleichsam eine natürliche Berufung zur Magie. Weder im Himmel noch auf Erden, so die *Conclusiones* weiter, gibt es eine Kraft, die der Magier nicht vereinigen oder aktualisieren könnte. Die Magie als feierliche Hochzeit zwischen Himmel und Erde ist für Pico eng mit der Astrologie verbunden; freilich führen ihn seine Reflexionen letztlich doch dazu, im Bereich von Astrologie und Magie eine Unterscheidung zu treffen, d.h. die wissenschaftliche Erkenntnis und praktische Anwendung der Naturkräfte abzukoppeln von abergläubischer Anhimmelung der Astralgottheiten. »Sie meinten«, so schreibt er über die Adepten divinatorischer Astrologie und zeremonieller Magie, »daß von den Gestirnen das Schicksal aller abhänge, vornehmlich dasjenige der Fürsten: Nachkommen, Leben, Macht, Siege, Gesundheit. Habe man nur lange genug die Bewegungen und die Natur der Sterne studiert, so sagten sie weiter, dann könne man in aller Klarheit der Zukunft ins Auge sehen – sei diese günstig oder nicht. Sie behaupteten, Mittel und Wege zu besitzen, um vorhergesehenes Unheil abzuwenden oder Glück narrensicher zu machen, und versicherten, in günstigen Stunden aus bestimmten Materialien Bilder herzustellen, die den himmlischen Naturen ähnlich seien und die Fähigkeit besäßen, durch wundersame Kunstgriffe die Kraft der Sterne anzuziehen. Die Menschen würden glücklich, mächtig und in ihren Wünschen befriedigt, wenn sie Bilder bei sich trügen, die auf diese Weise fabriziert wurden.«[14]

Mit Recht sieht Ficino in der Theorie der Bilder, auf die er in seinem Traktat *De vita* ausführlich eingeht (insbesondere auch in medizinischem Zusammenhang), ein zentrales Verbindungsstück zwischen divinatorischer Astrologie und ritueller Magie, zwischen astralem Götterkult und magischen Versöhnungsriten. Werden die Himmelsmächte in materiell hergestellte Objekte wie Talismane oder Amulette gebannt, die ihre astralen Kräfte in sich absorbieren und konzentrieren, dann sind sie gleichsam eingefangen und besänftigt, d.h. sie können ausgenutzt werden. »Die Weisen«, so schreibt Alkindi in seinem berühmten Traktat *De pluviis*, »haben durch vielfältige Experimente bewiesen, daß Figurinen und Schriftzeichen, die vom Menschen vorsätzlich und feierlich, unter Beachtung von Ort, Zeit und anderen Umständen in diverse Materialien eingeschrieben wurden, die Fähigkeit eignet, Gegenstände zu bewegen.« Kraft ihrer Analogie mit den kosmischen Gestalten konzentrieren und reflektieren diese Figuren die aktive Strahlung des Himmels.[15]

Diese These nun, ein Hauptthema der astrologischen Debatte in der Renaissance, wird exemplarisch entfaltet in einem Werk, das wegen seiner Bedeutung auf dem Gebiete der Magie und seiner breiten Rezeption wegen durchaus als Pendant zu Albumasars Buch über die Konjunktionen angesehen werden kann: es handelt sich um die sog. *Picatrix*, die auch den Untertitel trug: »Das Ziel der Weisen«. Bereits Pico und Ficino benutzten diesen berühmten, ursprünglich arabischen Text, der im 15. Jahrhundert über die Vermittlung des Spanischen in einer lateinischen Version weite Verbreitung fand. Es ist kein Zufall, daß Ibn Khalduns Kritik an Ritualmagie und Talismanen im wesentlichen auf einer Analyse und Diskussion der *Picatrix* basiert. Unser Autor zögert nicht, *Das Ziel der Weisen* »den vollständigsten und besten Traktat über die Magie« zu nennen. Jedenfalls ist bezeichnend, daß der hochgebildete Ibn Khaldun, der sein Leben in Nordafrika und Ägypten verbracht hat und 1406 starb, diesem Werk seine besondere Aufmerksamkeit schenkte, obwohl es eigentlich erst im 15. Jahrhundert voll zur Geltung kommen sollte und seine vorherige Rezeption durchaus unsicher, ja kaum faßbar ist.[16]

Zweifellos verdient das Werk stärkere Aufmerksamkeit, als man ihm gewöhnlich schenkt. Für einen beträchtlichen Teil der Renaissance-Kultur, einschließlich der bildenden Künste, ist die lateinische *Picatrix* nicht weniger zentral wie das *Corpus hermeticum* oder die Schriften des Albumasar. Man begreift die Bedeutung, die das Werk im 15. und 16. Jahrhundert gewinnen sollte, wenn man sich die »Intitulatio« vor Augen hält, die Rabelais ihm kurzerhand verlieh: »Seine Hochwürden Teufelspater, Picatrix, Rektor der diabolischen Fakultät«.[17] Auch seine Beziehung zur hermetischen Literatur, die dank Marsilio Ficino in Mode kam, spielt hier eine Rolle: Hermes Trismegistos ist in der *Picatrix* allgegenwärtig und wird stets mit größter Ehrerbietung genannt. Man sollte die *Picatrix* also nicht bloß als okkulten Quellentext lesen, sondern als exemplarisches Zeugnis für eine allgemeine Mentalität oder Weltanschauung.

Das arabische Original, das Ibn Khaldun fälschlicherweise Maslama al-Margriti zuschrieb, stellt sich in Wirklichkeit als eine heterogene Sammlung dar, als Summa oder stellenweise sogar als eine Art Anthologie. Einiges deutet darauf hin, daß diese Kompilation um die Mitte des 11. Jahrhunderts – zwischen 1047 und 1051 – »in spanischen Landen« erfolgte. Hellmut Ritter, einer seiner ersten Erforscher, vermutet in dem lateinischen Wort »*Picatrix*« eine Verballhornung von »Hippokrates« – eine Hypothese, die er inzwischen aufgegeben hat, an der aber Henri Corbin noch festhält. Hinweise im Werk selbst suggerieren, *Biqratis (Buqratis)- Picatrix* sei eigentlich der Name des Verfassers der Kompilation selbst, denn es heißt in der lateinischen Version: »Ein Buch über die Nekromantie, das der weise Philosoph Picatrix aus verschiedenen Büchern zusammenstellte« (*liber quem sapientissimus philosophus Picatris in nigromanticis artibus ex quampluribus libris composuit*). Aus dem lateinischen Manuskript ergibt sich, daß das Werk im Auftrag des König Alfons X. (von Kastilien) im Jahre 1256 aus dem Arabischen ins Spanische übertragen wurde; aus dieser Übersetzung ging auch die lateinische Version hervor, die nie ediert wurde, aber durch mehrere, relativ späte Manuskripte bezeugt ist. H. Ritter veröffentlichte 1933 eine kritische Ausgabe und 1962 schließlich – gemeinsam mit Martin Plessner – eine äußerst sorgfältige Übersetzung ins Deutsche. Auf dieser Basis wurde ein genauer Vegleich mit der lateinischen Version möglich, die erheblich von der arabischen abweicht – nicht nur, wie immer wieder gesagt wird, hinsichtlich Kapitelaufteilung und Abkürzungen, sondern auch in Bezug auf einige bemerkenswerte Varianten. Unser Vergleich (der nicht nur zu einer besseren Einordnung von Ficinos Hermetismus, sondern des Renaissance-Hermetismus überhaupt beitragen soll) stützt sich im folgenden auf das lateinische Manuskript 10727 der Pariser Nationalbibliothek, das im 15. Jahrhundert durch eine sehr elegante humanistische Hand kopiert wurde, sowie auf eine Handschrift der Florentiner Nationalbibliothek aus dem Jahre 1536 (in dieser Hinsicht erlaube ich mir, Thorndike zu berichtigen), die aus Brisighella (Romagna), einem regelrechten »astrologischen Zentrum« stammt. In seinen Bruno-Studien hat Francis Yates hingegen ein spätes Manuskript des 17. Jahrhunderts verwendet.

Worin liegt nun die außerordentliche Bedeutung der *Picatrix*? Vielleicht vor allem in der Tatsache, daß dieses Werk die umfangreiche magisch-astrologische Tradition des Mittelalters und der Renaissance in einen theoretischen – teils neoplatonischen, teils hermetischen – Rahmen einpaßt. Die dabei verwendete Begrifflichkeit steht den platonisierenden Strömungen des 15. Jahrhunderts außerordentlich nahe – sicherlich keine zufällige Verwandtschaft. Mit anderen Worten: die Bedeutung der *Picatrix* beschränkt sich keineswegs auf ihre »Ikonologie« (die ja im Warburg-Institut bereits ausgewertet wurde), sondern betrifft ganz unterschiedliche Fragen: die Geschichte der neoplatonischen Metaphysik, die Astrologie-Debatte, die Intellekt-Theorie, Probleme der Magie, Alchimie, heidnischen Liturgie bis hin zu Talismanen und Amuletten. *Das Ziel des Weisen* Pseudo-Magritis deckt also weite Bereich der Kulturgeschichte ab und betrifft Probleme, die für die Renaissanceforschung allesamt relevant sind. Der Ausgangspunkt des Werkes ist die Einheit des Wirklichen, die sich in symmetrisch aufeinander bezogenen Graden, Ebenen und Welten abschichtet. Eine zweipolige Wirklichkeit: das Eine, d.h. Gott als Ursache allen Seins, ist konfrontiert mit dem Mikrokosmos-Menschen, der durch sein Wissen (*scientia*) die zerstreute Wirklichkeit in ihren Ursprung zurückführt und ihre Korrespondenzen nicht nur aufspürt, sondern sich auch zunutze macht. Das zweite Buch der *Picatrix* beginnt mit einem bezeichnenden Epigramm, dem neunten Aphorismus aus dem *Karpos* oder *Centiloquium* des Ptolemäus, der zu den grundlegenden Texten der Astrologen zählt: »Alle Dinge dieser Welt gehorchen den himmlischen Formen« (*omnia huius mundi, caelestibus oboediunt formis*). »Alle Weisen sind sich darüber einig«, kommentiert die *Picatrix*, »daß die Planeten Einflüsse und Wirkungen auf diese Welt ausüben [...]; daraus folgt, daß der Ursprung der Magie aus den Bewegungen der Planeten

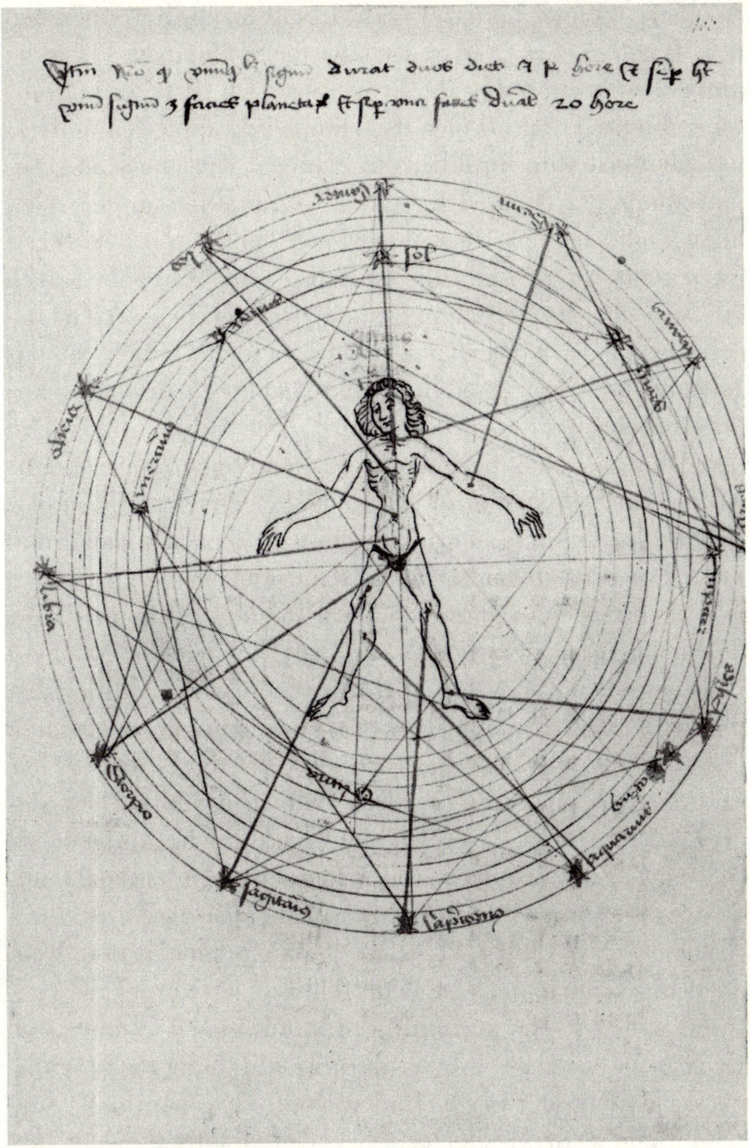

7 *Mikrokosmos (15. Jh.). Wien, Nationalbibliothek.*

resultiert.« Zuvor hatte sie erklärt, daß im theoretischen Teil der (astrologischen) »Wissenschaft« die Stellung der Fixsterne untersucht würde, d.h. die Frage, wie sich diese zu himmlischen Figuren und Formen des Himmels gruppierten und auf welche Weise ihre Strahlen die Planeten erreichten. Die Beschreibung der Himmelsfiguren ist – zumal in den mit Talismanen oder zeremonieller Magie befaßten Passagen – äußerst interessant; Dreh- und Angelpunkt des Buches bleibt jedoch der Mensch, das Verbindungsglied zwischen den verschiedenen Ebenen der Wirklichkeit. Es ist daher kein Zufall, daß das Thema von Makrokosmos und Mikrokosmos mehrfach behandelt und sukzessive entfaltet wird. »Der Mikrokosmos wird dem Makrokosmos nachgebildet«, heißt es: *Minor mundus maiori mundo assimilatur*. Die Skala des Seienden, die ontologische Hierarchie besteht aus symmetrischenen Ebenen und ihren Entsprechungen. Der Mensch erscheint als Ausnahme: er ist kein Seiendes unter Seienden, sondern konstituiert eine Wirklichkeit für sich. Der Mensch ist Offenheit und Möglichkeit: Offenheit gegenüber allen Seinsstufen und Möglichkeit, die sich in der »vornehmsten« Wissenschaft (*scientia est quid nobile et altum*) konkretisiert, die im tiefsten Grunde Magie und magisches Handeln ist. Das Portrait des Menschen, das die *Picatrix* zeichnet, ist nicht ohne markante Konturen: manche seiner Züge erinnern an den hermetischen *Asclepius*, andere an die *Oratio* Pico della Mirandolas (der die *Picatrix* übrigens in seiner Bibliothek besaß). »Es gibt eine niedere Welt, die der höheren ähnlich ist; beide bilden einen Körper, der vollständig, belebt und vernünftig, d.h. mit einem vernünftigen Geist ausgestattet ist [...]. Vernünftig heißt: fähig zur Erkenntnis [...]. Er besitzt einen runden Kopf, Urteilskraft, Wissenschaft und Schriften; er erfindet Techniken [...] lacht und weint [...]. In ihm wohnt eine göttliche Kraft, und die Wissenschaft der Rechtsprechung, durch die Gemeinwesen regiert werden, nennt er sein eigen [...] Er kennt Heilsames und Schädliches [...]. Er macht subtile Erfindungen, wirkt Wunder und fabriziert herrliche Bilder; er verbindet in sich alle Arten von Wissenschaften und ist unterschieden von allen wahrnehmenden Wesen, denn Gott hat ihn zum Verfasser und Erfinder jeglicher Wissenschaft und Weisheit gemacht, befähigt, alle diese Fähigkeiten zu erklären, alle Dinge der Welt aufzunehmen, mit prophetischem Geist die Schätze aller Dinge zu verstehen [...]. Der Mensch erfaßt alle Intelligenzen und alle Dinge dieser Welt [...], doch jene erfassen ihn nicht; alle dienen ihm, er aber dient niemals als Sklave; mit seiner Stimme kann er, wenn es ihm beliebt, jedes Tier nachahmen. Mit seinen Händen kann er ähnliche Bilder schaffen; mit seinem Wort zählt, erzählt und erklärt er ihre Natur und ihre Werke [...]. Mit der natürlichen Stimme hat der Mensch die Fähigkeit, die Töne aller Tiere nachzuahmen und kann sie nach Belieben verändern [...]. Die gesamte Gestalt des Menschen ist die *arché* (= das Prinzip) der Gestalt des Geistes schlechthin [...].«[18]

In dieser überschwenglichen, jubilatorischen Tonlage geht es weiter. Der hermetische Mensch, das »große Wunder« des *Asclepius* beeindruckte die Denker der Renaissance nachhaltig. Der Mensch erscheint als Magier, Weiser, als Herrscher über Himmel und Erde: »Ich sage, daß der Mensch eine Welt genannt wird, und dieses aufgrund eines Vergleichs mit der größeren Welt, in der sich alles findet, was bedeutet, daß alles, was in der größeren Welt enthalten ist, auch in der kleineren enthalten ist« (*Dico quod homo mundus nominatur, et hoc per comparationem ad maiorem, quasi dicat quod quicquid continetur in maiori mundo, continetur naturaliter in minori*). Das Instrument der menschlichen Potenz ist also die »Wissenschaft«, die Himmelskunde, die Kenntnis seiner offenen und okkulten Formen – auf allen Ebenen der Wirklichkeit. Zugleich impliziert diese Wissenschaft aber auch die Beherrschung von Techniken, kraft derer man auf kosmische Kräfte einwirken kann. Das überraschendste Merkmal der *Picatrix* ist vielleicht dieser Lobgesang auf Wissenschaft und Fortschritt, die nicht nur auf ein immer tieferes Verständnis der verborgenen und getrennten Kräfte hinarbeiten, sondern auch auf die Möglichkeit, diese zu vereinigen. Der wahrhaft Weise ist derjenige, der jenseits der Verschiedenheit, im Verborgenen und Okkulten die Beziehungen und die Einheit wahrnimmt: »(Wissenschaft und Fortschritt bedeuten), immer höher zu steigen (*ad alteriora procedere*), bis wir auf unserem Weg zur Mathematik gelangen, worin sich menschliche Tugend erfüllt und in welcher der Mensch durch Spekulation (*per scientias speculativas*) zur Vollendung gelangt. Das ist das Gut (*bonum*), das der Mensch sucht [...]. Und wer es erlangt hat, wird Freude, Glück und dauerhafte Weisheit besitzen, für ewig und ohne Ende.« Wer hingegen weder ein Weiser noch ein Magier ist, »verdient nicht, Mensch genannt zu werden, wenn er auch dessen Namen, Gestalt und Gesicht hat«.

Diese Wissenschaft, die zugleich Astrologie und Magie ist, muß sich jedoch auch in Erfindungen und wundersamen Maschinen aller Art konkretisieren. Es gibt in der *Picatrix* eine einzigartige Stelle, die an Roger Bacon, ja sogar an Leonardo da Vinci erinnert (und deren lateinische Version getreu der arabischen folgt). Wer Wissenschaft sein eigen nennt, so heißt es da, der vollbringt auf technischem Gebiet wahre Wunder (*magnalia magna*): er schreitet nicht nur über den Wassern oder verwandelt sich in jedes beliebige Wesen, sondern er kann auch Regen machen oder Regen Einhalt gebieten, ja sogar »auf Distanz feindliche Schiffe oder Städte in Brand setzen und Schiffe am Himmel lassen«. Die letztgenannte Erfindung sollte die Einbildungskraft beflügeln: man findet noch bei Fracastoro, in der Widmung seines *Homocentricorum ... liber* an

Paul III., eine entsprechende Anspielung (*illius navis quam in medio aethere perpetuo ascendere et descendere docuisset*).

Zwei weitere hermetische Texte der *Picatrix*, die durchaus nicht unbekannt sind und deren Verwandtschaft zu Themen des Renaissancedenkens offensichtlich ist, sollen hier noch zu Worte kommen. Der erste betrifft al-Asmunain, die ideale Stadt, die Hermes – im Anschluß an die Errichtung des Sonnentempels – im östlichen Oberägypten erbaut hatte. Diese Idealstadt wurde nach präzisen, astronomischen Normen geplant, nachdem Trismegistos den Lauf des Nils durch geeignete Bilder an die Mondbewegungen angepaßt und reguliert hatte. Der Text selbst ist recht bemerkenswert, und seine Schloßbeschreibung erinnert an Filarete und Campanella: »Im Inneren (der Stadt) errichtete er ein Schloß mit vier Portalen. Auf die Tür im Osten setzte er die Figur eines Adlers, auf die westliche die eines Stieres, auf die südliche die eines Löwen und auf die nördliche die eines Hundes. In diese Bilder führt er sprechende Geister ein und niemand konnte das Schloß ohne ihr Einverständnis betreten. [...].Auf der Spitze des Schlosses ließ er einen zwanzig Ellen hohen Turm bauen, auf dessen Spitze er einen Globus setzte, dessen Farbe sich über sieben Tage hinweg täglich veränderte. Am Ende der Woche kam die erste Farbe wieder. Daher erstrahlte die Stadt jeden Tag in einer anderen Farbe.«[19]

Der zweite Text erhellt die zentrale mystische Inspiration der *Picatrix* und betrifft das Konzept der »perfekten Natur« bzw. – wie es in der lateinischen Version heißt – der »vollständigen Natur« (*natura completa*), »also jenes Geheimnis, das in der Philosophie selbst verborgen liegt«. Hermes beschreibt es folgendermaßen: »Als ich das Geheimnis der Wissenschaft vom Verborgenen und der Formen der Schöpfung (*secreta operis mundi*) lüften wollte, fand ich eine dunkle Höhle voller Finsternis und voller Winde. Aufgrund der Dunkelheit konnte ich nichts klar erkennen und wegen der starken Winde konnte ich meine Lampe nicht brennen lassen. Da erschien mir im Traum ein Wesen von größter Schönheit. Es sprach zu mir: ›Nimm ein Licht und stelle es in eine gläserne Laterne, damit es, vor dem starken Winde geschützt, dir leuchte. Dringe sodann in die unterirdische Kammer vor. [...]‹.«[20]

Hier liegt offensichtlich ein Topos vor, der denn auch unwillkürlich einen anderen Text heraufbeschwört: die Höhle des Leonardo da Vinci. Zwar sind Aussagekraft, Inspiration und Bedeutung von Leonardos Beschreibung verschieden, aber die Bildaussage ist nahezu identisch: der Wind (»der aus dem Norden kommende Aquilone schlägt mit seinem Sturmwind zurück«), die dunkle Höhle und die Suche nach der verborgenen Wahrheit. »Durch Ungeduld und hitzige Neugierde getrieben, die große Masse verschiedener merkwürdiger Gestalten der kunstreichen Natur zu sehen, drang ich vor zu den schattigen Klippen, gelangte an der großen Höhle Eingang, wo ich verblüfft verweilte, da ich dergleichen nicht kannte; ich beugte mich nach vorne, stützte die müde Hand auf ein Knie und suchte mit der rechten Hand meine herabgesenkten Lider zu bedecken; und ich wandte mich nach allen Seiten, um zu sehen, ob im Inneren etwas zu erkennen sei; es war mir aber durch die im Inneren herrschende Dunkelheit versagt. Sogleich stiegen in mir zwei Gefühle auf, Angst und Neugierde: Angst wegen der bedrohlichen und dunklen Grotte und Neugierde, zu sehen, ob sich nicht etwas Wundersames darin befände.«[21]

Zweifelsohne führt uns Leonardo an ein anderes Ufer – fernab von Magiern und Astrologen. Doch auch Leonardos Mensch ist ein Mikrokosmos, der in einer solidarischen und symmetrischen Beziehung zum Universum steht, eine kleine Welt, die durch geheimnisvolle, unendliche Fesseln mit dem Ganzen verbunden bleibt. Die Kultur, die ihn nicht nur umgab und prägte, sondern gegen die er bisweilen einen ambivalenten

Kampf führte, war durch eben jene Weltanschauung bestimmt, die auch die *Picatrix* kennzeichnete: eine neoplatonische Metaphysik voller Magie und Astrologie. Heftig gegen Magie, Nekromantie und Alchemie polemisierend, ruft Leonardo aus: »Oh, ihr Mathematiker, bringt Licht in diesen Irrtum! Der Geist hat keine Stimme, denn wo eine Stimme spricht, da findet sich auch ein Körper.« An Stimmen ohne Körper herrscht bei Ficino oder Pico dello Mirandola nun wahrlich kein Mangel ...

Fassen wir zusammen: Die *Picatrix* ist deshalb besonders geeignet, bestimmte Aspekte des Renaissance-Denkens zu erhellen, weil sie – zumindest teilweise – einige seiner Tendenzen und Lösungen bereits vorwegnimmt. Im Rahmen des Neoplatonismus finden Magie und Astrologie hier eine Rechtfertigung, ja eine spekulative Begründung. Das All-Eine, der Verstand, die Weltseele, die Seelen der Gestirne und Geister aller Art »begründen« theoretisch eine Doktrin der Einflüsse und all jener Korrespondenzen, die den Kosmos zusammenhalten und vereinen. Die Einheit des universellen Lebens, das überall pulsiert und alles belebt, rechtfertigt auf theoretischer Ebene die universelle Sympathie und die vielfältigen Handlungen, die der Mensch als »miniaturisiertes« Abbild des Kosmos realisiert. Es ist eine logische Konsequenz dieser metaphysischen und theologischen Sichtweise, daß sich die Verbindung zwischen der Totalität – also dem Gegenstand der metaphysischen Intuition – und der Multiplizität der Dinge und Ereignisse – d.h. dem Ausgangspunkt aller Magie – als etwas Willkürliches, ja Phantastisches darstellt. Die Beziehung zwischen neoplatonischer Metaphysik und praktischer Magie ist auf eine präzise Weise symmetrisch. Die Magie der Verzauberungen ist das »wissenschaftliche« Gegenstück zur platonischen Theologie. Die eine offeriert eine »poetische« Sicht des Kosmos, die andere eine »rhetorische« Technik. Hier ist alles von der »Seele« inspiriert, dort sind es »Geister«, die Planeten bewegen. *Cum spiritibus planetarum loqui potest*, heißt es in der *Picatrix* und (später) bei Ficino, »mit Planetengeistern kann man sich unterhalten«. In einem belebten Universum, das sich in allen seinen Teilen selbst fühlt und mit seiner Ganzheit in allumfassender Sympathie konspiriert, parliert man mit Sternen, Pflanzen und Steinen; man bittet, befiehlt und zwingt sie, oder man läßt durch Gebete oder entsprechende Reden noch mächtigere Geister hinzutreten. Der Inbegriff von Wissenschaft ist keine mathematische, sondern eine magische Formel; ihre Techniken und Instrumente sind keine Maschinen, sondern Zauberei, Talismane und Amulette. Das *Verbum* – das Wort oder die Rede von denen die *Picatrix* so häufig spricht – steigt bis zu den Gestirnen, d.h. den Sterngottheiten, und erreicht die »Geister« der Dinge, »weil das Wort in sich magische Kraft beschließt« (*quia verbum in se habet nigromantie virtutem*). Oder mit den Worten eines arabischen Textes: »Die schönste Gattung der theoretischen Magie ist die Rede.«

Drittes Kapitel

Hermetismus und Neoplatonismus

I.

Im Jahre 1439 wurde das Unionskonzil von Ferrara nach Florenz verlegt. Diese Versammlung zur Vereinigung der byzantinischen und der römischen Kirche war ohne Zweifel ein herausragendes Ereignis – in religiöser, politischer, vor allem aber in kultureller Hinsicht. Die Begegnung ranghöchster Repräsentanten aus Ost und West, aus griechischem und lateinischem Christentum war ein entscheidender Moment, dessen Bedeutung in der Historie nicht immer gebührend gewürdigt worden ist. Denn die Kirchenversammlung wurde nicht bloß zu einem Treffpunkt von Lehrmeinungen, Glaubensrichtungen und Büchern; hier entzündeten sich Diskussionen, zirkulierten Informationen und entstanden unzählige persönliche Kontakte. Das Florentiner Unionskonzil markiert den Höhepunkt der Rezeption griechischen Denkens in Italien – ein kulturelles Faktum, das schließlich symbolkräftigen Ausdruck in der Schenkung der Bibliothek des Kardinals Bessarion an Venedig fand. Doch unbeabsichtigt – durch ihre Verteidigung der östlichen gegenüber der lateinischen Tradition – trugen die Griechen auch dazu bei, die mühsam erarbeiteten Positionen der westlichen Tradition in Frage zu stellen. »Die Aristoteles-

Rezeption der lateinischen Theologie seit Albertus Magnus und Thomas von Aquin, der selbstverständliche Gebrauch aristotelischer Terminologie und Metaphysik durch die westlichen Theologen, die intellektualistische Tendenz dieser ganzen Theologie – dies alles erschien den Männern der Ostkirche trotz ihrer humanistischen Bildung wie ein Übergriff profaner Wissenschaft auf die Theologie, die eigentlich nur von Gott handeln sollte ... Auch wenn Männer wie Bessarion oder Marcus von Ephesos mit den Kniffen scholastischer Argumentation in exzellenter Weise vertraut waren ..., so vertraten die Griechen doch die Meinung, daß Theologen weder mit Aristoteles noch mit Syllogismen etwas zu schaffen hatten. Das dialektische Arsenal, mit dessen Hilfe die Lateiner ihre eigenen Thesen verteidigten, war also kaum dazu angetan, sie zu überzeugen; es wurde im Gegenteil zum Stein des Anstoßes.«[1]

Was die griechischen Väter vor allem mitbrachten, war der Neoplatonismus. Diese Strömung feierte eine überraschende Wiederkehr in Form durchaus kühner Manifestationen, ja eines zuweilen provozierenden Hellenismus. Es ging hier nicht bloß um eine Verbesserung der Aristoteles-Exegese durch die Rückkehr zu den Originaltexten, zu ihrer Kraft und Genauigkeit; ebensowenig um eine simple Synthese zwischen Aristotelismus und Platonismus bzw. um eine stärkere Rezeption des reichen arabischen Denkens. Die entscheidende Wiederentdekkung war vielmehr der Hellenismus – jene Epoche, in der die griechische Kultur sich weit den verschiedenartigsten Einflüssen des Orients geöffnet hatte. Das Klima des Unionskonzils ermöglichte also die einzigartige Begegnung zwischen jenen magisch-astrologischen Lehren, deren antikes Substrat über die islamische Welt in das lateinische Mittelalter gelangt war, und jenen hellenistischen Positionen, die nun erstmals in griechischen Originaltexten wiederentdeckt und zur Kenntnis genommen wurden. Daraus entstand eine aspektreiche Konfrontation von Themen, die entweder neuartige Syntheseversuche oder aber geistige Krisen bzw. radikale Polemiken auslöste. Daß die Rückkehr zu den griechischen Gottheiten aber nun gerade in Florenz erfolgt – und dies zu einem Augenblick, da die christliche Welt angesichts der Türkengefahr um ihre Einheit bemüht war –, ist sicherlich erstaunlich.[2] Die Wiedervereinigung der Menschen vollzieht sich hier paradoxerweise jenseits der Offenbarungsreligionen: durch die Rückwendung zu jenen Prinzipien, die den letzten griechischen Philosophen als Symbole der höchsten, unsagbaren göttlichen Einheit erschienen waren.

In dieser Atmosphäre kündigte der prominenteste Teilnehmer des Konzils, Georgios Gemistos Plethon, der in Mistra den Kult der heidnischen Götter wiederhergestellt hatte, im Gespräch mit seinen Florentiner Freunden das bevorstehende Ende von Judentum, Christentum und Islam, ja mehr noch: die baldige Bekehrung der Menschheit zur Religion der Wahrheit an: »Mit eigenen Ohren habe ich es in Florenz gehört«, schreibt sein erbittertster Gegner Georg von Trapezunt: »Er sagte, die ganze Welt werde in wenigen Jahren nur noch eine einzige Religion, eine Seele, einen Geist und eine Botschaft haben. Als ich ihn fragte, ob dies die Religion Christi oder diejenige Mohammeds sein werde, da antwortete er: ›Keine von beiden, sondern eine andere Religion, die sich vom Heidentum kaum unterscheidet!‹. Empört über diese Worte, habe ich ihn stets gehaßt. Ich fand ihn so abscheulich wie eine giftige Viper und mochte ihn nie wieder sehen oder hören. Von einigen griechischen Flüchtlingen, die vom Peloponnes kamen, vernahm ich aber, daß jener kurz vor seinem Tode – was jetzt etwa drei Jahrzehnte zurückliegt – öffentlich verkündet habe, Mohammed und Christus würden bald in Vergessenheit geraten und das ganze Universum im Glanz der absoluten Wahrheit wiedererstrahlen.«[3]

Plethon rechnete bekanntlich mit der Auferstehung der griechischen Gottheiten, der Kulte von Zeus und Apollon, von Sonne und Sternen. In einem Fragment seines Traktates »Über die Gesetze« (*Peri nomôn*), das der Zerstörung des Scholarius entgangen war, stehen bezeichnende Gebete: »Apollon, König, der Du alles in seiner Identität bestätigst und regierst, der Du die Einheit zwischen allen Lebewesen und Harmonie in diesem weitgespannten, vielfältigen Universum stiftest... O Sonne, Herr über unserem Himmel, sei uns gnädig; und auch Du, o Mond, verehrungswürdige Göttin, sei uns gnädig; Du Lichtbringerin (Venus), und Du Stilbon (Merkur), Ihr zwei getreuen Begleiter der strahlenden Sonne, und Ihr Phainon, Phaeton, Pyrois (Saturn, Jupiter, Mars), die Ihr alle Sol, dem Sonnenkönig, gehorcht und ihn, wie es sich gebührt, bei der Herrschaft über die menschlichen Angelegenheiten unterstützt: wir feiern Euch – zusammen mit anderen Gestirnen, welche die göttliche Vorsehung in den Weltraum geworfen hat – als unsere hervorragenden Beschützer.«[4]

Die unterschiedlichen Götternamen sollten uns nicht verwirren. Für Plethon gab es nur eine Gottheit, den höchsten Gott. Sein Gesetz ist absolut und unveränderlich: es ist das Schicksal, die *heimarmené*, der nichts entgeht. »Alles untersteht einem Gesetz [...]. Durch die Autorität des Zeus, dem einzigen und obersten Herrn aller Dinge, sind alle zukünftigen Ereignisse von Ewigkeit an und in der besten aller möglichen Ordnungen, festgelegt. Von allen Wesen ist nur Zeus ohne Grenzen; nichts kann ihn einschränken [...].« Nichts entgeht der Vorraussicht des Zeus und seiner Minister; seine Gesetzgebung ist lückenlos und unbedingt, d.h. sie kann auch durch die Kenntnis der Zukunft nicht beeinflußt werden. Selbst wer um das Kommende weiß, »findet die Dekrete des Schicksals unvermeidlich [...]. Auf keine Weise kann man dem entrinnen, was Zeus schon immer beschlossen, was das Schicksal (für immer) festgelegt hat«.[5]

So sah also das platonische Denken von Mistra aus, das Cosimo de' Medici im Anschluß an das Unionskonzil von Florenz verbreiten wollte. Wie Theodor von Gaza bemerkte (der sich gleichwohl Bessarion anschloß, um die Vorwürfe des Georgios von Trapezunt zu bekämpfen), erinnert dieser Platonismus an Celsus (um 178) und Kaiser Julian Apostata (361-63).[6] Plethon nahm bezeichnenderweise Bezug auf die Chaldäischen Orakel. In der Tat war den Schriften Julians damals ein großer Erfolg beschieden; besonders sein Sonnengebet erfreute sich in florentinischen Kreisen großer Beliebtheit.[7]

Zweifellos sollte sich die Stellungnahme Plethons in den Jahren nach 1440 als einflußreich und durchaus folgenschwer erweisen. Das prophezeite Absterben der Religionen, die nachdrücklich geforderte Rückkehr zu heidnischen Gottheiten, die Anrufung himmlischer Götter, der konsequente Determinismus, das unbewegte Schicksal, dieses stählerne Band, das die gesamte Wirklichkeit gefangen hält – all dies verleiht Plethons Platonismus eine eigentümliche, materialistische oder atheistische Färbung (Scholarios erhob gegen ihn in der Tat den Atheismusvorwurf). Das ewige Universum, in dem alles *heimarmené* unterliegt, ist nach Plethon »ein wundersames Ganzes, das für immer unverändert in jenem Zustand und jener Form bleiben wird, die ihm anfänglich eingeschrieben wurden«. Das Sein entzieht sich dem Zugriff der Zukunft; zyklische Veränderungen erzeugen allenfalls gleichbleibende Perioden ewiger Wiederkehr. Nichts anderes also sind die Wandlungen der Religionen oder die Änderungen der Reiche. Es sind Wiederholungen der gleichen Ereignisse, ja manchmal sogar der gleichen Namen: denn es gibt mehr als einen Dionysos oder Herkules. »Die Perioden der Zeit wiederholen jetzt und in Zukunft, nach einem festgelegten Rythmus, immer wieder identische Leben und Aktionen, so daß nie etwas Neues geschehen ist oder geschieht; jedenfalls nichts, was sich nicht schon einmal ereignet hat oder sich nicht eines Tages wieder ereignen wird.«

Nicht nur als Denker war Plethon groß, sondern auch als Reformator. Seine Interpretation des Platonismus und Hellenismus mündete in eine rationalistische Philosophie, die das wissenschaftliche Potential der Astrologie mit großem Geschick entfaltete. Seine Vorstellungen des Himmels und der *heimarmené*, von Zeus und dem All-Einen, veranschaulichen die zu Ende gedachten Konsequenzen eines absolut gültigen Naturgesetzes. Ob Religionen, Offenbarungen, Propheten, Apostel oder Heilige – alles ist hier durch Vorherbestimmung, durch die Fessel strenger Notwendigkeit bereits auf der höheren Ebene eines Absoluten providentiell festgelegt.

Daß eine solche Auffassung mit jeder positiven Religion unvereinbar war, versteht sich von selbst; daß sie in Ost und West angegriffen und verfolgt wurde, kann ebenfalls nicht verwundern. Durch seine Lehre ebnete Plethon den Weg für eine Reihe von Wiederentdeckungen, die ebenso reduktionistisch wie produktiv waren: nicht nur die Verherrlichung der Götter Griechenlands, der Sonnenkult, die Chaldäischen Orakel oder Julian Apostata, sondern auch Zoroaster oder die »Ägyptischen Mysterien« des Iamblichos. Auch daß der rätselhafte Platon wieder zum Zuge kam, war das Werk Plethons. Ein janusköpfiger Platon: Erzvater aller gottlosen Häresien, frommer Philosoph und attischer Moses. Oder anders gesagt: hier der von Georg von Trapezunt wegen seiner Unmoral verdammte Atheist und Materialist; dort der von Ficino gerühmte Lehrer und Altmeister der *philosophia pia*. Dieselbe Ambivalenz begegnet auch in den Diskussionen der Platoniker über die Astrologie. Zwei unterschiedliche Zugangs- oder Interpretationsweisen werden hier vorrausgesetzt: die eine (auch von Plethon vertretene) mathematisiert und konzeptualsiert die Wirklichkeit, d.h. macht aus den himmlischen Intelligenzen und

Seelen der Dinge notwendige Prinzipien einer immanten Rationalität und eines gänzlich prädestinierten Absoluten; die andere hingegen insistiert auf der Personalität des Göttlichen und der freien Individuation der Seelen, d.h. belebt und vermenschlicht alles durch eine Übertragung in phantastische, emotionale, bildhafte oder poetische Begriffe. Die erste Konzeption riskiert eine Einschränkung der menschlichen Freiheit und Initiative; die zweite die Aufhebung der rationalen, gesetztlichen Ordnung der Natur. Aus dem Gegensatz beider entsteht eine kontinuierliche Spannung, die sich unterschiedlich äußert: die Positionen der einzelnen Denker, die von ihnen diskutierten Themen und schließlich auch die astrologischen Deutungsmuster schwanken, variieren oder verändern sich grundlegend. Es wäre allzu billig und naiv, wollte man alle diese Ambivalenzen einzig auf den zum Klischee gewordenen Gegensatz von Astronomie und Magie reduzieren.

Ein Paradebeispiel für diese Ambivalenz ist das Werk Marsilio Ficinos. Es wurde zwar häufig in allen möglichen Hinsichten analysiert und kommentiert, nicht jedoch in bezug auf seine astrologischen Positionen; diese, schwankend und vielfältig, harren noch einer genauen und umfassenden Untersuchung. Thorndike hat in einem Kapitel seiner *History of magic and experimental science* auf Ficinos theoretische Schwäche hingewiesen; bezeichnenderweise heißt das Kapitel »Ficino the Philosophaster« – ein Terminus, der von Lodovico Vives (1492-1540) geprägt wurde, dessen Urteil über Ficino auch sonst abschätzig und wenig sachgerecht war: »In schwerfälligem und ungelenkem Stil (*dictione invenusta et molesta*) schrieb er Briefe, in denen platonische Themen diskutiert wurden.«[8] Im Gegenteil erweist sich der Briefschreiber Ficino als durchaus eleganter Schriftsteller; er liefert interessante Berichte und Zeugnisse, die nicht nur astrologische Sammelleidenschaft, sondern ein grundsätzliches Interesse an paranormalen Erfahrungen bezeugen. Daß er mit astrologischen und magischen Praktiken in Kontakt gekommen war, steht fest; ebenso, daß seine diesbezüglichen Einstellungen durchaus variierten. Paul Oskar Kristeller, der genaue und scharfsinnige Ficino-Interpret (und verdienstvolle Herausgeber der 1477 verfaßten *Disputatio contra iudicium astrologorum*, die unvollständig blieb), urteilt ausgewogener und bemerkt zutreffend, wie »zweideutig und voller Widersprüche die Position Ficinos« sei.[9] Er unterstreicht, daß Ficino in seiner *Disputatio* »zahlreiche Argumente gegen Wert und Gültigkeit der Astrologie einführt, die in seinem Plotin-Kommentar von 1486 teilweise wörtlich wiederholt werden. Im III. Buch des Traktates *De vita* (1489), der zunächst als Teil des Plotin-Kommentares konzipiert war, räumt Ficino für den Bereich der Medizin durchaus den Nutzen astrologischer Konzepte ein. 1494 schließlich erklärt Ficino in einem Brief an Polizian seine Übereinstimmung mit Pico della Mirandola, nachdem dieser der Astrologie in seinem großen Werk den Kampf angesagt hatte; dementsprechend versucht Ficino die Positionen von *De vita* mit dieser neuen Auffassung zu vereinen. Doch die Begründung erscheint weit hergeholt; Polizian jedenfalls nimmt sie mit einer gewissen Skepsis auf. Die praktische Einstellung des Ficino zeigt klar, daß er niemals Gegner der Astrologie war – auch nicht in den letzten Jahren seines Lebens.« Mit Recht fügt Kristeller hinzu, es sei müßig, auf Ficinos Schwächen zu insistieren. Was in der Tat bislang ein Desiderat darstellt, wäre eine Untersuchung, welche die diesbezügliche Entwicklung und Vertiefung von Ficinos Astrologie-Konzepten rekonstruiert. Eine solche Studie hätte streng diachronisch zu verfahren, was freilich ein mühsames Unternehmen ist und eben deshalb noch nicht versucht wurde. Doch zweifellos wäre diese Analyse sachgerechter als das pauschale Verdammungsurteil Thorndikes oder die banalisierende Sicht Raymond Marcels, der entsprechende

Schwankungen als bloße Stilphänomene bzw. barocke Ausschmückungen abtut. Vor allem sollten zwei Dinge nicht übersehen werden: zunächst war Ficino schon aus Gründen der Vorsicht gehalten, sich nicht allzudeutlich auszudrücken; dann dürfte aber auch die Heterogenität, ja Unvereinbarkeit der Theorien und Themen im astrologischen Bereich eindeutige Unterscheidungen bisweilen erschweren.

Weiter sollte man auch die medizinischen Studien Ficinos nicht vernachlässigen, sowie sein frühes Interesse für visuelle Themen: er beschäftigte sich mit der Theorie des Sehens, »flachen und konkaven Spiegeln«, Fragen der Perspektive, ja sogar mit Physiognomik (über die er gesondert schrieb). Bezüglich der Medizin kann man feststellen, daß Ficino in reiferen Jahren sehr viel energischer auf der wissenschaftlichen Gültigkeit der Astrologie besteht. »Wenn das Leben dir Mühsal bereitet«, so schreibt er 1489, »so greife zu jener Arznei, die vom Himmel approbiert wurde. Wie die Erfahrung lehrt (*frequenti jamdiu experientia compertum habeo*), besteht zwischen einer Medizin, die ohne die Hilfe der Sterne gefunden wurde, und einem ›astrologischen‹ Medikament der gleiche Unterschied wie zwischen Wasser und Wein.« Ficino nennt ein Beispiel: weil jemand die Astrologie in Anspruch nahm, habe er ein im achten Monat geborenes Kind nicht nur retten, sondern ihm recht eigentlich erst das Leben schenken können (*quasi vitae redditus potius quam servatus*).

Der Sohn des Arztes Diotifeci d'Agnolo di Giusto hatte also seit seiner Jugend markante medizinisch-wissenschaftliche Interessen, die ihn sein Leben lang begleiten sollten. Er benutzt gerne Ausdrücke und Verfahrensweisen der geometrischen Optik und zeigt eine ausgeprägt medizinische Ader, der er immer treu bleibt. In der Widmung von *De vita* (die in höfischer und zugleich scherzhafter Form an Lorenzo de Medici gerichtet ist) besteht Ficino darauf, daß seine ärztliche Berufung fortdauert: der Leibarzt habe sich eben in den Seelenarzt verwandelt, meint er in einem Wortspiel, aus Galen sei Platon geworden: »Ich hatte zwei Väter, den Medicus Ficino und Cosimo Medicis (*Ficinum Medicum et Cosmum Medicem*). Dem ersten verdanke ich meine Geburt, dem zweiten meine Wiedergeburt; der eine weihte mich Galen, dem platonischen Arzt, der andere dem göttlichen Platon selbst. In Wahrheit aber bestimmten mich beide zur Medizin. Wie Galen ein Arzt des Leibes, so ist Platon ein Arzt der Seelen.« Es dürfte kein Zufall sein, daß diese Worte gerade den Traktat *De vita* einleiten und auf die Parallele zwischen *De vita* und der *Theologia platonica* (1474) anspielen. Seele und Körper, Seelenheilkunde und Körperheilkunde entsprechen sich: »Nach den Büchern über die Seele, hier nun diejenigen ... über den Leib« (*post illos de anima hos ... de corpore libros*).

Medizin und geometrische Optik, Physiognomik und lukrezische Dichtung – hier liegen also Ficinos Ausgangspunkte; auch wenn sie ihren Stellenwert verändern sollten, wurden sie doch niemals verleugnet. Seine erste bedeutende Übersetzung war das *Corpus hermeticum*: erarbeitet auf der Grundlage einer Handschrift, die durch den Mönch Leonardo di Pistoia aus Mazedonien nach Italien gebracht worden und bereits durch Polizians Hände gegangen war, wurde diese Übetragung 1463 im Auftrage Cosimos des Älteren fertiggestellt. Bedeutung und Wirkung dieser Übersetzung können nicht hoch genug eingeschätzt werden. Leider wurde das kulturelle Umfeld, worin die hermetische Mode in diesen Jahren geradezu explosionsartige Erfolge feierte, bisher kaum erforscht. Der entsprechende Boden aus Neugier und Erwartung war aber sicherlich längst bereitet: nicht nur durch Zitate von Kirchenvätern wie Laktanz oder Augustinus, sondern mehr noch durch den *Asclepius* und die magisch-astrologischen Texte, die unter dem Namen des Hermes zirkulierten. Man denke an Thomas Bradwardine, der durch seine Proportionsschrift berühmt geworden war: sein Hauptwerk *De causa Dei*, das zahlreiche hermetische Materialien enthielt, zirkulierte in Florenz recht schnell (seit Mitte des 14. Jahrhunderts) – und dies sogar bei den *maestri dello Studio*.[10]

Für Ficino waren die hermetischen Texte von zentraler Bedeutung: nicht nur als ständige Referenz und als privilegiertes Zeugnis der »alten Theologie«, sondern auch als wunderbares Dokument, das Einblick in tiefe Geheimnisse (*arcana mysteria*) offenbarte und von Laktanz zurecht zwischen Sybillen und Propheten (*inter Sybillas et prophetas*) angesiedelt worden war. Gerade diese Perspektive ermöglichte es, nun auch Astrologie und Magie zu rechtfertigen, ihnen eine metaphysische-theologische Legitimation zu geben. Zurecht sieht Frances Yates im dritten Buch von *De vita* (das von Magie gleichsam »getränkt« ist) weniger einen Plotin-Kommentar, denn eine ausführliche Exegese des hermetischen *Asclepius*. Man kann diese Beobachtung durchaus verallgemeinern: Trismegistos wird bei Ficino quasi ohne Unterlaß erwähnt oder behandelt.[11] Der Hermetismus integriert die Astrologie in jenen Kontext, der in Ficinos Augen nicht nur mit der christlichen Tradition, sondern überhaupt mit seinem Menschenbild, seiner Auffassung von der Stellung und Würde des Menschen im Kosmos zu harmonieren schien. Andererseits war bei Hermes jeder Akt, jede Tat, jeder Augenblick des Lebens abhängig von den Gestirnen und, kraft diesen, auch von der Sonne. »Wenn du also Gott schauen willst«, hieß es in der fünften Abhandlung[12], »betrachte die Sonne, den Lauf des Mondes oder die Ordnung der Sterne. Wer erhält diese Ordnung? [...]. Die Sonne, der höchste Gott unter den himmlischen Göttern des Himmels: alle Himmelsgötter lassen ihr wie einem König oder Seigneur den Vortritt, ja sie erträgt es, trotz ihrer außerordentlichen Größe, die sie gewaltiger macht als das Meer oder die

Erde, kleinere Gestirne über sich zu haben, die dort ihre Umlaufbahn vollziehen.« Solare und stellare Einflüsse, alle himmlischen Strahlen und Kräfte, die auf den Menschen einwirken und sein Geschick bestimmen, sind nichts anderes als Dämonen, d.h. Kräfte, »denn das Wesen des Dämons nennt man Kraft (*energeia*)«. Im sechzehnten Traktat des Hermes fand Ficino eine klare Interpretation, die einige wesentliche Punkte der Astrologie in ein klareres Licht stellte: »Unter dem Befehl der Sonne steht ein Chor oder besser stehen die Chöre der Dämonen: diese, zahlreich und verschiedenartig, werden nämlich kommandiert von den Quadraten der Sterne – für jedes Gestirn in der gleichen Anzahl. Sie dienen – ob sie nun gut oder schlecht sind – in solcher Anordnung und ihrer Natur oder Tätigkeit entsprechend jedem der Gestirne. Denn das Wesen der Dämonen ist Tätigkeit (*energeia*); es gibt auch solche, die gleichzeitig gut und böse sind.« Es fällt nicht schwer, in dieser Dämonenschar eine Anspielung auf die 36 Dekane zu erkennen.

Der hermetische Text fährt folgendermaßen fort: »Alle diese Dämonen sind dazu bestimmt, eine Vollmacht über die irdischen Angelegenheiten auszuüben und über alle möglichen Unruhen, die dort entstehen; sie verursachen diverse Störungen – im allgemeinen im Bereich des Staates und der Völker, aber auch im Leben des Individuums. Denn jeder von uns gerät im Augenblick seiner Geburt (*stigmé*), wenn er zum Licht der Welt und zum Leben erwacht, in die Hand von Dämonen, will heißen: jener Dämonen, die gerade von den aktuellen Gestirnen abhängen. Keineswegs dienen diese Wesen stets in derselben Funktion; vielmehr wirken sie einem Turnus entsprechend.« Als Helfer des Himmels und Minister der Gestirne konkretisieren die Dämonen die von Himmelskörpern ausgehende Energie in Kräften bzw. physikalischen Strahlen, d.h. sie personifizieren die Dynamik des Kosmos. Festugière hat

8 Nativitätskalender (1515). Titelholzschnitt von Georg Peurbach zu Leonhard Reymanns Kalender.

9 Während der Geburt wird von Astrologen sofort das Horoskop des Kindes berechnet. Holzschnitt aus J. Rueff, De conceptu et generatione hominis, *1587.*

diese Position der hermetischen Texte klar definiert: »Alle sublunaren Wesen stehen unter dem Einfluß von stellaren Kräften, die zwar als solche unkörperlich sind, aber gleichwohl Körpern innewohnen und ausschließlich durch körperliche Vermittlung agieren. Alle diese Wesen, belebte wie unbelebte, werden von diesen Kräften beinflußt.« Ein bei Stobaeus überlieferter Text sagt: »Durch astrale Kräfte, die ihren Einfluß im Moment der Geburt geltend machen, sind die Menschen dem Fatum unterstellt.«[13]

Diesem begrifflichen Rahmen wird Ficino treu bleiben, auch wenn er sich später auf neue Quellen bezieht und seinen Standpunkt zu erweitern sucht. Auch im Traktat *De vita coelitus comparanda* (1489), seinem markantesten Werk zum Thema, finden wir seine Position unverändert.

Doch wie beurteilt man dann die *Disputatio contra iudicium astrologorum* (1477), ein unveröffentlichtes und unvollendetes Werk, das vielfach in die *Theologia platonica* und teilweise auch in den Plotin-Kommentar eingeflossen ist? Die Antwort fällt durchaus nicht leicht; von einer linearen oder kohärenten Entwicklung kann bei Ficino jedenfalls keine Rede sein. Zweifellos war der florentinische Philosoph stets darum bemüht, zwischen der rational-seelischen und der materiell-körperlichen Ebene zu unterscheiden: nur die zweite war von der Vorherbestimmung betroffen, nicht die erste. In dieser Hinsicht ist Ficino dem Hermes verpflichtet: »Der vernünftige Teil der Seele«, so hatte dieser gesagt, »bleibt unbewegt, dem Herrschaftsbereich der Dämonen entzogen, und bereit, ein Gefäß Gottes zu werden.« Hingegen versammelt Ficino in der *Disputatio* (aber auch anderswo) eine dichte Reihe von Argumenten, welche die divinatorische Astrologie als solche attakkieren und grundsätzlich in Frage stellen; bisweilen hat man hier den Eindruck, einen Entwurf von Picos astrologiekritischem Opus vor sich zu haben. Liest man in den von Kristeller veröffentlichten Texten, ist man frappiert über die Wucht dieser Argumente. Die Astrologen – so heißt es da – unterschlagen die Ursachen der Phänomene; sie verfahren ohne Ordnung; die Theorie der Interrogationen ist zweideutig; die Auffassung, daß Planetenposition einen Einfluß auf uns habe, ist irrtümlich; ebenso die Doktrin der »Häuser« und die Einteilung des Himmels, die Qualitäten, Aspekte, Erhöhungen usw. Ficino verbindet die Apologie von Willensfreiheit und göttlicher Providenz mit einer gründlichen und scharfsinnigen Untersuchung verschiedener astrologischer Theorien: er ergänzt hier die üblichen, allzu banalen Einwände gegen die Astrologie um den Versuch einer streng wissenschaftlichen Analyse. Andererseits ist nicht zu leugnen, daß Ficino sein astrologiekritisches Projekt nicht mit letzter Konsequenz betrieben und im veröffentlichten Werk die bissigsten Argumente oft zurückgestellt hat, weil sie konventionell waren. Ebenso offensichtlich ist, daß der Philosoph seine Unsicherheiten und Ambivalenzen nie verheimlicht hat; auch war das Ziel seiner Attacken weniger der Astraldeterminismus als solcher, sondern die materialistisch-atheistischen Auswüchse der Astrologie.[14] Ficino lehnt es ab, den Sternen oder Himmelskörpern, die das Schicksal determinieren, eine Hegemonie zuzugestehen, die mit einem Primat des Körperlich-Materiellen verbunden wäre. Es überrascht nicht, daß sich in seiner *Theologia platonica* die anti-astrologische Polemik mit einer Kritik an zwei Autoren verbindet, deren Texte ihn in seiner Jugend durchaus angezogen hatten: Epikur und Lukrez. Die menschlichen Geister und Seelen können einzig durch die Geister und Seelen der Sterne bzw. gleichartige Zwischeninstanzen determiniert werden: Körper wirken – wie subtil sie auch sein mögen – nur auf Körper determinierend. Einerseits besteht Ficino geradezu fanatisch auf der differenzierten Einheit des Ganzen, d.h. auf seiner abgestuften Hierachie und vielfachen – durch intermediäre Ringe – vermittelten Gliederung; andererseits verteidigt er nachdrücklich die Unterscheidung der Ebenen: »Niemand soll die Behauptung aufstellen, daß die Geister des Menschen durch Mediation des Himmels, der dann gleichsam als Instrument fungieren würde, von höheren Geistern bewegt würden. Denn stärker als mit irgendeinem Körper harmoniert der Geist mit dem Geist; zwischen den höheren Geistern und den unsrigen aber mischt sich der Geist nicht ein.« Die verschiedenen Ebenen korrespondieren gleichwohl in der geglückten Einheit des Ganzen bzw. verhalten sich parallel: eine jede fungiert als Zeichen oder Symbol der anderen. Die göttlichen Beweger des Himmels manifestieren ihre Absichten und die Zukunft mithilfe der Körper, Figuren und Begegnungen der Sterne – als seien diese Gebärden oder Gesten. Die himmlischen Konstellationen sind gleichsam wie Buchstaben (*quasi litteris*), wie die Schrift eines Buches, das von göttlichen Begriffen (*divinorum notiones*) handelt; die durch die Sterne vermittelten Anordnungen der Geister manifestieren sich eher »in Form von Zeichen, denn als Ursachen« (*per signas potius quam per causas*)[15]. Zuweilen gelingt es den Astrologen, diese Zeichen zu lesen. Wie der »göttliche Platon«, sein großes Vorbild, entwirft Ficino eine Landkarte des Universums, die durchaus neben die Werke zeitgenössischer Maler gestellt werden kann: »In allen Sphären findet man vernünftige Seelen, die ihrer Würde entsprechend angeordnet sind. Doch die ›Einheitsseele‹ dieser einzigartigen Maschine nennt Platon ›Jupiter‹; die zwölf Seelen der zwölf Sphären sind die Götter im Gefolge Jupiters. Im reinsten Teil der Sphären, d.h. im Bereich der Sterne und Planeten (die ebenfalls Götter heißen), situiert er weitere intelligente Seelen. Dem Bereich des Feuers werden Feuerdämonen oder -heroen zugeordnet; Luftdämonen, der reinen Luft; Wasserdämonen und -heroen, der finsteren Luft. Den reinsten Teilen der Erde werden schließlich jene Geistwesen zugesellt, die man Menschen (*homines*) nennt, da sie auf dem Boden (*humi*) leben. Zuweilen werden auch Dämonen oder Heroen auf die Erde verpflanzt – nicht bloß die Bereiche direkt unterhalb des Mondes, sondern auch die Himmel jenseits der Sterne bevölkert Platon mit einer großen Anzahl von Heroen und Dämonen (*genii*). Neben diese aber setzt er in allen Sphären besondere Seelen, also Dämonen, Heroen oder Menschenseelen. Die Anzahl der Sterne entspricht der Masse der ihnen untergebenen Heroen, Dämonen oder Seelen. Saturn sind die Saturnkinder zugeordnet, Jupiter die Jovialen, Mars die Martialischen, und so weiter [...]. Platon glaubt, alles sei in allem: auf der Erde jedoch in irdischer Form (*modo terreno*), im Wasser in flüssiger und entsprechend in der Luft und im Feuer; im Himmel aber ist alles der himmlischen Natur, im Mond alles der lunaren Natur entsprechend; und ebenso in den anderen Sphären. So kommt es, daß jede Sphäre, auf ihre Weise und ihrer Eigenschaft entsprechend, eine Welt für sich darstellt.«[16]

Ficino macht sich dieses Weltbild zu eigen und kompliziert, ja verfeinert es gleichzeitig. Der Philosoph imaginiert eine von Seelen bevölkerte Welt, ganze Scharen von Seelen, lebende und intelligente Ketten von Seelen, die sich überschneiden und Einflüsse ausstrahlen: »Alle Geistwesen – auch die höheren, den Seelen übergeordneten, und niederen, den Seelen bloß innewohnenden, Intelligenzen – sind derart miteinader verbunden, daß man mit ihrem göttlichen Oberhaupt beginnen und die lange Reihe ohne Unterbrechung herabsteigen kann; denn alle höheren Wesen senden ihre Strahlen herab zu den niederen Wesen.«

Diese Ordnung ist providentiell: sie belebt die körperliche Ordnung mithilfe eines »Idols«, d.h. eines Abbildes der vernunftmäßigen Seele (*idolum, id est simulacrum rationalis animae*); das Simulacrum enthält »die Keime aller Bewegungen und Eigenschaften, die von der Seele im Körper entfaltet wer-

10 *Die Söhne des Jupiter zeichnen sich unter anderem durch Religiosität aus, daher werden sie hier repräsentiert von Würdenträgern der Kirche. (1404)*

11 *Die Söhne des Saturn, hier repräsentiert unter anderem durch Bauern und Führungskräfte der Wirtschaft. (1452)*

den« (*semina motionum et qualitatum omnium quae in corpore explicantur ab anima*). Daneben steht die Natur, definiert als »lebendige Leidenschaft oder wirksame Verbindung« (*affectio sive complexio efficax atque vitalis*), als »eine gewisse Spur oder ein Schatten der Seele im Körper« (*vestigium animae in corpore sive umbra*). Es handelt sich um eine Brechung oder Schwächung der Seinsebenen, um eine Reihe von Korrespondenzen, die sich unterscheiden und doch parallel laufen, ja überschneiden; oder um »eine wechselseitige Beeinflussung und Verbindung von Funken« (*connexio et mutua scintillarum infusio*) bzw. um unendliche Resonanzen. »Wenn man auf einer Leier zwei Saiten in gleicher Spannung hält und eine anschlägt, so wird die andere ebenfalls in Schwingung versetzt«. Im Innern des Seins ist alles in durchgehenden Verbindungen (*continua ligamenta*) miteinander verbunden. Zu diesem schönen Bild greift Ficino im dreizehnten Buch der *Theologia*, wo die Stellung des Menschen im Universum umschrieben wird: »An die große Maschine also sind wir durch drei Bande angeschlossen: an die Geistwesen durch unseren Geist; an die ›Idole‹ durch unser ›Idol‹; an die Natur aber durch unsere Natur – nicht anders als das Ungeborene in der Gebärmutter durch ununterbrochene Verbindungen mit dem gesamten Körper der Mutter verbunden ist. Mithilfe seiner Seele, seines Körpers und seines ›Geistes‹ nimmt der Embryo die ›Leidenschaften‹ der mütterlichen Seele, ihres Körpers und ›Geistes‹ wahr. Kraft ihres Verstandes steht die Seele über dem Schicksal, d.h. in der reinen Ordnung der Providenz; die oberen Wirklichkeiten ahmt sie nach und mit ihrer Hilfe beherrscht sie die unteren Wirklichkeiten. Die Seele partizipiert gleichsam an der Vorsehung und regiert nicht nur sich selbst, sondern auch Haus und Staat, Künste und Tiere. Durch die ›Idole‹ steht sie gleichzeitig in der Ordnung des Schicksals, ohne diesem unterworfen zu sein. Zusammen mit den höheren

›Idolen‹ nimmt das ›Idol‹ unserer Seele seiner Natur entsprechend teil an der Formung und Bewegung des Körpers. Kraft seiner Natur ist der Körper dem Schicksal unterworfen; kraft ihrer Natur bewegt die Seele den Körper, wie es das Schicksal will; das ›Idol‹ steht im Schicksal, also über der Natur; die Natur aber steht unter dem Schicksal und über dem Körper. So steht die Seele nicht nur passiv, sondern auch aktiv in der Ordnung der Vorsehung, des Schicksals und der Natur.«[17]

Ficino negiert, wie man sieht, die Abhängigkeit der Seele sowohl vom Körper, als auch – konsequenterweise – von den Sternen; doch gleichzeitig stattet er jeden Körper – vor allem aber den Himmel – mit Seelen aus und restituiert auf diese Weise die Verbindung der menschlichen Seele mit ihrem astralen Pendant bzw. mit allen astralen Seelen. *Ne tu augeas fatum* (»Das Schicksal sollst du nicht vermehren«) – Ficino macht diese Maxime Plethons und der chaldäischen Orakel zu seinem eigenen Wahlspruch; er will sagen: ›Unterwerfe deinen Verstand keinem Himmelskörper; die Abhängigkeit deines Geistes von den himmlischen Geistwesen ist genug.‹[18] Auch bleiben ja – auf verschiedenen Ebenen, vor allem aber auf derjenigen der Natur – gewisse Einflüsse (*influxus*); sie bilden jene Nabelschnur, die uns an das Leben als solches bindet. »In Zusammenfassung kann man sagen, daß wir bewegt sind durch Dispositionen, die von der Universalmaterie durch die Vermittlung unserer Natur in einer langen Kette bis zu uns herabsteigen. Wir haben nicht die geringste Ahnung, weshalb sie uns von innen her bewegen.«

Auf diesem Weltbild basieren nun auch, in durchaus kohärenter Weise, die magisch-astrologischen Themen in *De vita coelitus comparanda* (dem dritten Buch von *De vita*), auf die schon eine ganze Reihe bekannter Untersuchungen (von Warburg, Saxl, Panofsky, Chastel, Walker und Yates)[19] aufmerksam gemacht haben. Gewiß akzentuiert Ficino hier seine früheren Positionen; doch die neu entwickelten Theorien der universellen Belebung (also der Weltharmonie), der Astralseelen und der Dämonen, der Vermittlung durch den Geist (*spiritus*) oder das Idol (*idolum*), halten sich nicht nur eng an den Hermetismus, sondern auch an die inhaltliche Substanz der *Theologia platonica*. Diese Theorie ist keinesfalls verschroben oder obskur (wie Frances Yates meint), sondern im Gegenteil durchaus klar. Was jedenfalls *De vita* angeht, so hat André Chastel das Wesentliche gut auf den Punkt gebracht: »Das Universum erscheint wie ein riesiger Organismus in ständiger Vibration; die Wirkkräfte der nicht-sensiblen Materie, der Pflanzen oder der Tiere haben ihren Ursprung in den Sternen. Direkt beeinflußt durch die alexandrinische Wissenschaft, beschreibt Ficinos *De vita* in eindrucksvoller Weise die pneumatische Einheit der Welt, die überall garantiert wird durch das Strömen planetarischer Einflüsse, durch harmonische Koinzidenzen und Korrespondenzen.«[20]

Die Seele also – die Weltseele, die Seele des Menschen und alles Lebendigen (denn alles ist lebendig) – ist ein universelles, allgegenwärtiges Vernunftprinzip. »In dieser lebendigen Welt gibt es nichts, das so mißgestaltet wäre, daß es keine Seele hätte.« Als Mediation zwischen göttlicher Vernunft und körperlicher Materie sammelt die Weltseele in sich so viele *rationes seminales* (»Samen der Vernunft«), wie der göttliche Geist Ideen zählt; er reflektiert und gestaltet sie wie »Formen« (*species*) der Materie. Die Weltseele fungiert als Schnittstelle der stellaren Ebene, also der Strahlen und Dämonen, mit dem Treffpunkt der »rationalen Keime der Erzeugung« und der »rationalen Urbilder der Erkenntnis«.

Doch auch jenseits der Sterne ist der Himmel noch mit »Figuren« bevölkert: eine jede zerfällt ihrerseits in »Figuren«, die den *species* bzw. Eigenschaften der *species* der unteren Welt entsprechen. Die Definitionsversuche Ficinos betreffen die jeweilige Struktur all dieser verschiedenen Wirklichkeitsebenen, ihre Entsprechungen, Interferenzen und wechselseitigen Reaktionen im zentralen Medium der Seele. Es ist nicht notwendig, alle diese Ramifikationen im einzelnen zu verfolgen. Zweifellos vermindert sich jedoch die Schwierigkeit solcher Gedankengänge, wenn man die Bedeutung jener Verbindung begreift, die Ficino *concordia mundi* nennt: es ist die lebendige Einheit des Kosmos, die sich, übersetzt in verschiedene Realitätsebenen, gleichsam bricht, so daß jede dieser Sonderungen als die Synthese der anderen erscheint. Das Ganze präsentiert sich wie eine unendliche Reihe von Spiegeln, eine Serie von Bildern und Abbildern bzw. Abschattungen: oben die vollkommenen Formen der Ideen, unten die verdünnten Ausformungen ihrer Einflüsse. Alle diese Formen und Produkte sind letztlich »formale« Übersetzungen einer kosmischen Pulsation, Zeichen der einheitlichen Wirklichkeit des Lebendigen, die ihrerseits nichts anderes ist als die unendliche Brechung des Lebens. Die integrale Anerkennung der Astrologie widerspricht also keineswegs dem Prinzip der Freiheit: die Analogie zwischen der phänomenalen Formenvielfalt und dem Gleichklang der Sternenwelt setzt keinen astralen Zwang voraus, sondern lediglich eine Korrespondenz, die einem tieferen Einheitsrhythmus Ausdruck verschafft. »In den Sternen, Figuren, Teilen und Eigenschaften sind alle Arten und Qualitäten der unteren Dinge enthalten.« Die Abhandlung *De vita coelitus comparanda* realisiert also in der Tat das Versprechen Ficinos, der bemerkt: »Ich beweise nicht, ich erzähle« (*non tam probo quam narro*). Mit anderen Worten: die Astrologie als Ganzes ist für Ficino gleichsam die Übersetzung der Wirklichkeit in eine himmlische Sprache, d.h. eine Projektion oder Visualisierung des Ganzen; die phantastischen Figuren der Imagination stehen für psychische Tatsachen, Gefühlsregungen, Fortpflanzungsvorgänge oder Vorstellungsreihen. Wer diese Sprachen –

also die Sprache der Sterne und ihrer Farben, die Sprache astraler Figuren – zu entziffern versteht, der gelangt zu einem tieferen Verständnis der Welt. »Das Leben ist allgegenwärtig; es manifestiert sich überall in dieser Welt: in den Pflanzen und Bäumen gleichsam, als seien diese das Fell oder die Behaarung eines Körpers; in Steinen und Metallen, als seien es Zähne oder Knochen ... Und in den feineren Körpern über der Erde, die der Seele näherstehen, erblüht dieses gemeinsame Leben noch stärker. Wasser, Luft und Feuer sind lebendig und beweglich durch ihre innere Kraft. Die Luft und das Feuer werden mehr durch dieses Leben bewegt als die Erde oder das Wasser. Am stärksten jedoch belebt es die Himmelskörper, die gleichsam als Haupt, Herz und Auge der Welt fungieren. Die Sterne also, die Augen der Welt, benutzt dieses Leben, um überall seine Strahlen zu verbreiten: Strahlen, die sehen und gesehen werden.«[21]

Auf diese Weise ist im großen Buch des Himmels jedes Ereignis eingetragen; es zeigt sich, daß in der Zirkulation der Strahlen und Formen zwischen Himmel und Erde alles vom Himmel abhängt; und doch können andererseits alle diese Kräfte in den Himmel zurückgelenkt werden. Bildet man die Figuren des Himmels – z.B. Talismane – im richtigen Moment nach, so lassen sich die stellaren Konzentrationen zu neuen Reaktionswirkungen kombinieren – ein Beweis für die einzigartigen Möglichkeiten des Menschen, dieses »großen Wunders«. Durch verschiedene sukzessive Vermittlungsakte, durch Wort oder Gesang, vermag er die himmlische Kraft »einzufangen« bzw. seinen Zwecken nutzbar zu machen (*virtus verborum atque cantus ad beneficium coeleste captandum*).

In diesem Sinne, also durchaus rechtgläubig, bedient sich Ficino der »Sternbilder«: der sichtbaren »Konstellationen« ebenso wie der unsichtbaren, aber vorstellbaren »Gesichte« (*facies*), wie sie von Indern, Ägyptern und Chaldäern geschaut

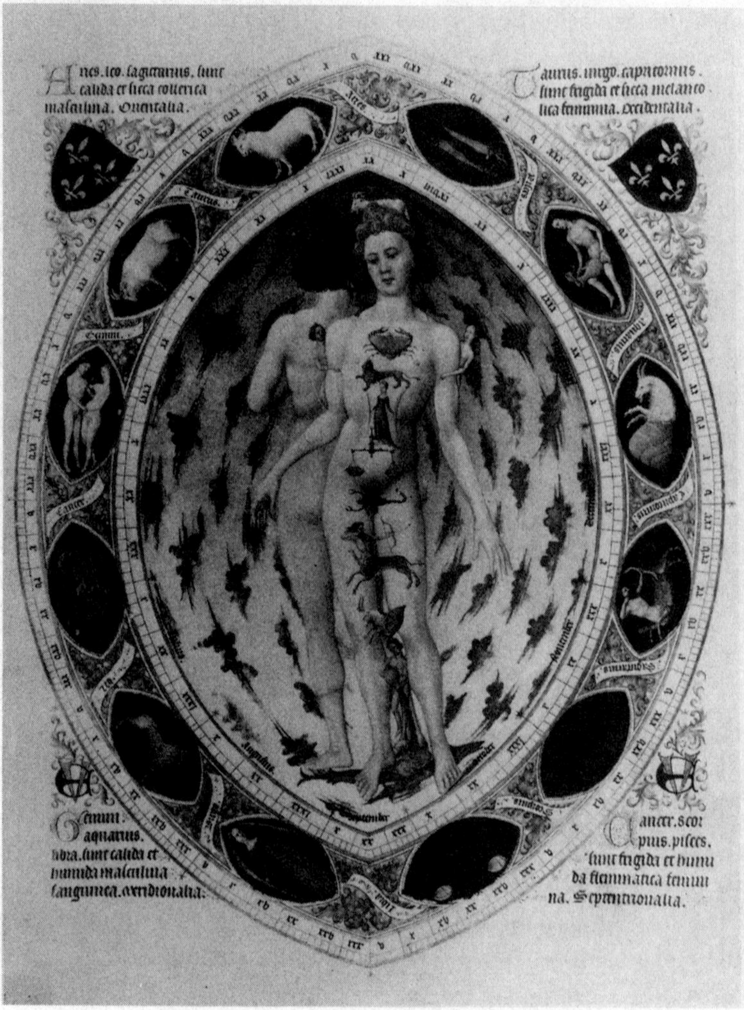

12 Tierkreiszeichenmann aus dem *Très riches Heures* des Duc de Berry (15. Jh.)

bzw. ausgedacht wurden; und natürlich bedient er sich auch der von Albumasar und anderen beschriebenen Bilder. Reproduziert mit Hilfe geeigneten Materials – doch die richtigen Materialien allein genügen keineswegs – werden die himmlischen Kräfte gleichsam in ein Simulacrum hineingezwungen, d.h. in ein Abbild, das sie imitiert. Ihre Wirkung beruht also auf der Vermittlung des Geistes. Gegen Fieber skulpiert man einen Merkur aus Marmor, in der Stunde Merkurs, wenn Merkur in Gestalt eine Mannes, der Pfeile trägt, aufgeht. Die magische Operation paßt sich auf gleichsam natürliche Weise in das Universum ein; sie ist der Versuch, das Leben durch die Korrektur jeder Abweichung vom vollkommenen Maß himmlischer Rhythmen harmonischer zu machen. »Man sollte nicht vergessen«, sagt Ficino, »daß im Himmel kein Überschuß an Elementarqualitäten existiert [...]. Vor allen Dingen ist der Himmel am maßvollsten: alles regelt er, alle Dinge führt er zur Einheit zurück. Der Himmel ist harmonische Komposition, ein Produkt harmonischer Bewegung, und alles, was er vollbringt, geschieht in einer Harmonie der Töne und Bewegungen; es ist diese Harmonie, die nicht nur den Menschen, sondern alle unteren Dinge geneigt macht, die himmlischen Gaben nach ihren Möglichkeiten zu empfangen.«[22]

Im Rahmen dieser universellen Harmonie legitimiert Ficino also auch Astrologie und Magie: beide erscheinen als Konsonanz, Akkord und Gleichklang – eine Vorstellung, die Jahrhunderte lang wirksam sein sollte. In verwandelter Form integrieren die Gestalten, die den Himmel bevölkern, eine phantastische Form des Kosmos, des Schönheit und Wahrheit gewordenen Universums. Geister und Götter, Gestirne und Gebete – all dies ist Musik, Schönheit, Harmonie; im Zeichen der Kunst scheinen sich am Ende alle Schwierigkeiten aufzuheben. Die Musik als Weltenklang, Universalharmonie, ewiges Gedicht, Welttheater – es sind dies alles seit dem 15. Jahrhundert vorherrschende Motive und Themen, über die Wissenschaftler und Philosophen wie Galileo und Kepler, wie Descartes und Mersennes schreiben. »Von der Herstellung eines Welt-Bildes« (*De fabricanda universi figura*) – so lautet der Titel eines ebenso kontroversen wie emblematischen Kapitels in Ficinos *Libro della vita*. In gewissem Sinne könnte man die gesamte Philosophie resümieren in dem Motto »Die Welt als Kunstwerk« (gemeint ist natürlich die Welt der Magier und Astrologen). Es ist, wie Ficino in einem grundlegenden Text unterstreicht, eine Welt, die in ihrem Archetypus wiederhergestellt werden soll: in jenem Zustand, als die Sonne die erste Minute des Widders berührte. Dieser Moment bezeichnet die Schicksalsstunde, die das Los einer wiedergeborenen Welt bestimmt (*sors quaedam quasi renascentis mundi revolvitur*). Doch die Wiederherstellung dieses vollkommenen Archetypus genügt nicht. *Neque spectare solum, sed animo refutare* – nicht allein betrachten soll man ihn, sondern gleichsam durch Meditation (etwa jener Wandbilder, die uns umgeben) verinnerlichen. Der Mikrokosmos-Mensch muß sich also mit Hilfe der Bilder mit dem Universum in Einklang bringen, an den Makrokosmos angleichen. Identisch geworden mit dem Leben und der Kraft des Ganzen, kann er die vollkommene Harmonie verwirklichen. Kunst und Magie treffen sich, fallen in eins. »Man sieht zusammengefügte Dinge lebendig werden, wenn die vollkommene Verschmelzung alle früheren Gegensätze überwunden hat.«[23]

III.

Die Ausführungen Ficinos über die Gestalt der Welt erinnern an Picos *Heptaplus*: In diesem Genesis-Kommentar versucht unser Philosoph, die Schöpfungsgeschichte im kabbalistischen

Sinne zu interpretieren. Es ist meines Erachtens unmöglich, das im *Liber de vita* konstruierte Weltbild – die Wiedergeburt der Welt und das *sors mundi renascentis* – von dem um 1590 herrschenden Zeitgeist zu isolieren. Hermetische Prophetien und eschatologische Ankündigungen eines »Umsturzes der Welt« oder einer »Ankunft des Antichrist«, einer Erneuerung oder eines neuen Zeitalters, waren damals an der Tagesordnung; schicksalhafte Veränderungen bzw. Konjunktionen lagen in der Luft. Es sind die Jahre, in denen Mercurio de Correggio predigte, Flavius Mithridates das Loblied der Astrologie sang und Arquato in einer berüchtigten Vorhersage vom Umsturz Europas (*De eversione Europae*) sprach. In der Widmung an Herzog Frederigo d'Urbino, die er einer Übersetzung eines arabischen Traktates über Sternbilder (*Ali de imaginibus coelestibus*) voranstellte, schreibt Mithridates: »Diese göttliche Wissenschaft also macht die Menschen glücklicher und lehrt sie, unter den Sterblichen wie Götter zu erscheinen; diese Wissenschaft also spricht mit den Sternen und herrscht, wenn man so sagen darf, an Gottes Seite über alles, was in der Welt ist.«[24]

Es wäre ein leichtes, noch weitere berühmte Zeugnisse anzuführen, doch wir wollen es damit gut sein lassen. Zweifellos bildeten Magie und Astrologie, das Religionenhoroskop und Avicennas Interpretationen bzw. Prophezeiungen wunderbarer Ereignisse, eine Bewegung, welche die religiösen Werte in Frage zu stellen schien. Astrologische Versionen des Sterns von Betlehem, die Jungfrau als Himmelsbild und das Kreuz als Talisman – solches untergrub traditionelle Glaubensvorstellungen und beseitigte die Grenzen zwischen Natürlichem und Übernatürlichem. Man führte nun alles wahlweise auf den ersten oder zweiten Begriff zurück: ob alle Wunder als natürlich galten oder die ganze Natur als Wunder erschien, kam letztlich auf das Gleiche hinaus. Giovanni Pico della Mirandolas turbulente und tragische Tätigkeit situiert sich in dieser geladenen Atmosphäre. Der Freund und Verbündete Girolomo Savonarolas, der ebenfalls einen anti-astrologischen Traktat geschrieben hatte, verhalf dem Jahrhundert mit seinen wilden Angriffen gegen die divinatorische Astrologie und die falschen Propheten zu einem bewegten Finale.

Ficino, Pico, Savonarola: für Ficino ist Savonarola der in den Sternen angekündigte Antichrist; für Pico und seine Freunde ist der Prediger ein Sokrates aus Ferrara, ein Heiliger und Weiser, der Florenz zu einem neuen Jerusalem machen will. Für Savonarola bedeutet die Astrologie nichts weniger als die Zerstörung des Christentums; Christus wird hier sinnlos; der Glaube verliert jede übernatürliche Bedeutung. Für Pico ist die Astrologie eine Mystifikation der Wissenschaft und der Philosophie, ja geradezu eine fatalistische Weltanschauung, Pseudo-Vernunft und falsche Wissenschaft, mit einem Wort: eine maskierte Religion.[25]

Die Beziehung dieser drei Männer und ihrer theoretischen Positionen ist nicht einfach zu definieren. War es etwa Savonarola, der Pico aus apologetischen Gründen dazu veranlaßte, die Astrologie zu bekämpfen? Wurde der junge Pico bei seinen ersten Thesen, die zwar die Magie verteidigten, aber hinsichtlich der Astrologie noch unklar waren, von Ficino beeinflußt? Dies zu entscheiden, fällt schwer. Kein leichteres Unterfangen ist es, den Dialog zwischen Ficino und Pico zu rekonstruieren, der stärker durch Anspielungen als durch offenen Gegensätze geprägt war; oder den Denkweg Picos, vor allem seine ersten Schritte, genau zu bestimmen – in allen diesen Fällen mangelt es uns schlicht an Dokumenten. Aus den *Conclusiones* allein läßt sich die persönliche Ansicht des Denkers sicher nicht feststellen; die Magie wird bei Pico offensichtlich valorisiert, doch seine Einschätzung der Astrologie bleibt unscharf. Daß in den Kreisen der Platoniker der Unterschied, ja Gegensatz zwischen Pico und Ficino durchaus wahrgenommen wurde, bezeugt eine

Äußerung von Andreas von Trapezunt, der das *Commentarium in Almagestum* – eine Schrift seines Vaters Georgios von Trapezunt – herausgab. In der Wimdung an Papst Sixtus IV. wütet Andreas in gewohnter Schärfe gegen einen unbekannten Platoniker, einen »Neuling« (*novicius*), dem Unkenntnis, Magie und Sympathie für das Judentum vorgeworfen wird. Man könnte dieses Portrait auf Pico beziehen: zwar war dieser damals weder ein wirklicher Platoniker noch ein erklärter Gegner der Astrologie; doch mit Sicherheit interessierte er sich bereits für das Judentum, und sein jugendliches Temperament hatte ihm bereits mancherlei Kritik eingetragen. Aber wahrscheinlich spielt Andreas v. Trapezunt nicht auf Picos Werke an, sondern auf Gespräche oder Briefe: angesichts der Berühmtheit, die der frühreife Graf von Mirandola schon 1484 erlangt hatte, dürften diese jedenfalls kaum ohne Widerhall geblieben sein.[26]

Alle Versuche, eine anfängliche Befürwortung der Astrologie von seiten Picos zu erweisen, haben das Manko, nicht ausreichend zwischen den verschiedenen Teilen und Aspekten der Sternenkunde zu unterscheiden. Die herkömmliche, aber völlig inadäquate Unterscheidung zwischen mathematischer und divinatorischer Astrologie hat nur Verwirrung und Unklarheit angerichtet. Niemand bestritt im 15. Jahrhundert ernsthaft die Existenz bestimmter himmlischer Einflüsse. Das Problem betraf vielmehr die Frage, welche allgemeinen Ansichten über Ontologie und Geschichte aus astrologischen Aussagen abgeleitet werden können.

Bezeichnenderweise findet sich gerade im *Heptaplus*, wo Pico dem Neoplatonismus und Ficino am weitesten entgegenkommt, ein detailliertes Programm der Astrologiekritik. Weshalb gibt es Sterne am Himmel? Dies wäre mit den Astrologen zu debattieren. Aus der Tatsache, daß Gott in der mosaischen Erzählung die Sterne als Zeichen an den Himmel gesetzt hat, gewinnen diese bekanntlich ein Argument für die Wissenschaft der Divination – eine Wissenschaft, die nicht nur von Platon und Aristoteles verurteilt wurde.

Geprägt von den Erfahrungen der Verurteilung und Flucht, ist der Pico des *Heptaplus* zweifellos ein anderer als der Pico der Frühschriften oder der enthusiastische Parteigänger der Kabbalisten; er hat eine Veränderung durchgemacht, und es ist durchaus zutreffend, daß er seine jugendliche Sympathie für den Komplex von Astrologie, Magie und Kabbala aufgab. Doch die entscheidende Frage lautet: Welche Aspekte, welche Interpretation der Astrologie hatte Pico anfangs favorisiert? Welche Überlegungen veranlassen ihn, seine Ansichten über Astrologie und Magie zu überdenken? Aufmerksam gelesen und im Kontext ihrer Zeit situiert, zeigen Picos Texte ein klares Bild. Unser Philosoph ist nicht nur ein Gegner der Konjunktionstheoretiker, sondern zugleich auch weit entfernt von der naturalistischen Interpretation der Philosophie; überzeugt von der Antinomie zwischen menschlicher Freiheit und astralem Determinismus, skeptisch gegenüber einer Kausalität zwischen allgemeinen Prinzipien und Einzelereignissen, sperrt sich Pico gegen die Vorstellung, daß etwas, was nicht Ursache ist, doch ein Zeichen sein kann.

Daß die sukzessive Annäherung an Savonarola und seinen Prophetismus dazu beigetragen hat, Pico sowohl von manchen jugendlichen Ansichten als auch von den platonischen »Mysterien« Ficinos zu lösen, ist durchaus möglich. Auch seine sehr frühe und konstante Wertschätzung bestimmter aristotelischer Thesen im Bereich der Logik und Ethik, sowie seine feste Vorstellung von der menschlichen Freiheit, die mit astrologischen Vorraussetzungen unvereinbar schien – all dies sollte hier berücksichtigt werden. Gleichwohl zeigt Pico während der Epoche der *Disputationes* eine polemische Schärfe, die durchaus an jenes Mißtrauen gegen die Fernwirkung erinnert, das Galilei dazu brachte, den Einfluß des Mondes auf die Meere zu leugnen. Eine lange Erörterung des Themas beschließt Pico etwa mit folgender Feststellung: nichts zwingt uns dazu, im Mond – außer Bewegung und Licht – noch andere Kräfte anzunehmen, durch die das Meer beeinflußt wurde. Untersucht man die Gezeitenunterschiede, so findet sich durchaus eine klare Ursache für diese Differenzen: entweder liegt sie in der Bewegung des Gestirns, welches steigt und fällt, oder in der Zu- oder Abnahme des Lichts. Nicht nur hier, auch anderswo ist Pico darauf bedacht, einzig natürliche Ursachen anzunehmen; was nicht auf Naturkausalität zurückgeführt werden kann (*redigere ad causas naturales*), ist zu eliminieren. Doch er schließt die Möglichkeit, sich dem Lauf der Natur anzupassen, nicht völlig aus. Im Falle der Wahl eines geeigneten Zeitpunktes für medizinische Behandlungen oder chirurgische Eingriffe, läßt er solche Praktiken zu. »Die Werke der ›medizinischen‹ Kunst sind stets wirksamer, wenn sie mit dem Lauf der Natur übereinstimmen« (*artis opera semper esse feliciora, quae cum naturae progressionen concordant*). Doch er leugnet jede Theorie des Himmels, die nicht auf natürlichen Ursachen basiert, d.h. die im Gewande der Geometrie oder der Wissenschaft unter der Hand religiöse Vorstellungen einführt. Daß der Mensch als Mikrokosmos und als Kind der Natur mit dem Makrokosmos in Einklang steht, würde Pico jedoch niemals bestreiten, und er hat auch stets die Funktion der Gestirne als Quelle von Licht, Bewegung und Wärme anerkannt. Die wirkliche Frage, die ihn bewegt, wird in den *Disputationes* in äußerster Deutlichkeit gestellt – sowohl in ontologischer, wie in erkenntnistheoretischer Hinsicht. Betrachtet man die Gestirne in ihrer regulären und gleichförmigen Bewegung, fungieren sie als physikalische Universalursachen, von denen keine spezifischen Wirkungen abgeleitet werden können – es sei denn, man setzt eine unendliche Anzahl von Vermittlungen voraus. Ereignisse werden also keineswegs durch einen Rückbezug auf ganz allgemeine oder entfernte Ursachen intelligibel. Diese Argumente, welche die Wirkungsursachen (*causae efficientes*) betreffen und die theoretische Basis der *Disputationes* darstellen, ergänzt Pico um diverse andere Überlegungen; um eine polemische Kritik des Okkultismus; um eine Verteidigung der menschlichen Freiheit gegen jeden Fatalismus; um eine historisch-kritische Analyse, welche die astrologischen Theorien als verkappte Astralkulte bzw. primitive Kosmologien denunziert; und schließlich – nicht zuletzt – um eine Verteidigung der christlichen Religion.

In der Einleitung seiner *Disputationes*, in einer Passage, die an Brunos *Spaccio della bestia trionfante* (»Vertreibung der triumphierenden Bestie«) erinnert, bemerkt Pico, die divinatorische Astrologie habe Namen und Ansehen jener Wissenschaft usurpiert, die man Mathematik der Himmelsbewegungen nennt, und behaupte fälschlicherweise, im Spiegel des Himmels lesen zu können. »Doch der Spiegel hängt zu hoch, als daß die Bilder der irdischen Dinge bis dorthin gelangten; sein strahlender Glanz überfordert die Schwäche unserer Augen.« Auch ist für die Astrologen der Himmelsmantel nicht aus himmlischen Bildern, »sondern aus monströsen Darstellungen gewebt; die Sterne haben sich in Tiere verwandelt und der gesamte Himmel ist voller Fabeln; es handelt sich also nicht um den wahren, von Gott gemachten Himmel, sondern um einen falschen, einen Himmel der Astrologen«. Bruno wird feststellen, daß »Jupiter ... den Himmel mit so vielem Getier angefüllt hat, wie es Laster gibt«; dieses ergaben die berühmten Gestalten der achtundvierzig Bilder – eben der Sternbilder.

»Niemand anders als die Astrologie ... korrumpiert die Philosophie, beschmutzt die Medizin, schwächt die Religion, stiftet Aberglauben, nährt Idolatrie, zerstört Klugheit, pervertiert

13 *Francesco del Cossa, »Das Sternzeichen Jungfrau«. Palazzo Schifanoia, Ferrara*

die Sitten, verwandelt also den Himmel in etwas Infames und die Menschen in üble, gequälte und unruhige Wesen. Aus Freien macht sie Knechte, und keine ihrer Handlungen bewirkt irgendetwas, das gut ausginge.«[27]

Viertes Kapitel

Die Kritik an der Astrologie und die Naturgeschichte der Orakel

I.

Die Bedeutung Pico della Mirandolas kann schwerlich überschätzt werden. Allein schon die wütende Reaktion, die er auslöste, beweist die Durchschlagskraft seines Werkes. In einem Abschnitt seines Traktates *De incantationibus*, der durchaus polemisch anmutet, hat ihn Pomponazzi an die Seite des Averroes gestellt: »Die Astrologen sagen Zutreffendes und argumentieren mit Vernunft und gesundem Menschenverstand, während dem Averroes beides mangelt und er völlig fehlgeht. Viele neuere Autoren, die wortreich gegen die Astrologen zu Felde ziehen, begehen den gleichen Irrtum wie Averroes, wenn sie weitschweifig und mit blumigen Reden gegen die Astrologen kämpfen. Entweder sie verstehen nichts von Astrologie, wenn aber doch, so irren sie gründlich. Ich für meinen Teil finde in ihren Büchern nichts weiter als einen eleganten Stil, Eleganz und Unverfrorenheit. Viele glauben gar, daß die Argumente gar nicht von ihnen selbst stammten, sondern nur ausgeschmückt worden seien.«

Der Vorwurf des Plagiats oder sogar der servilen Abhängigkeit von Savonarola, den Pomponazzi hier in zweideutiger Weise äußert, sollte noch lange in Europa kursieren.[1] In Wirklichkeit verhalten sich die Dinge deutlich anders. Seinen Traktat gegen die Astrologen (*Trattato contro gli astrologii*) kompiliert Savonarola erst ein Jahr vor seinem Tod, im Jahre 1497 – wie er übrigens in dem Werk selbst anmerkt. Erst zu diesem Zeitpunkt, so erklärt er, habe er das posthum veröffentlichte Werk Picos gelesen (»Jetzt, da das Buch der *Disputationes* [...] veröffentlicht ist [...] und ich es gelesen habe«). Savonarola gab eine Zusammenfassung von Picos Werk, die in Stil und Form einfacher und doch lebendiger gehalten war; allerdings fügte er auch eigene Bemerkungen hinzu, »um die Astrologie-Kritik des Herrn Grafen Giovanni Pico della Mirandola zu bekräftigen« – wie er in einem Satz des Vorwortes, der in späteren Ausgaben auch als Untertitel erscheint, betont. Doch sei vermerkt, daß Savonarola bereits im Sommer 1494 in den Entwürfen zu den Adventspredigten ein Thema der *Disputationes* aufnimmt: »Der Erste gegen die Astrologen« (*princeps contra astrologos*), (III. Buch, Kap. 3). Wie Giovanni Nesi im *Oraculum de bovo secolo* bestätigt, ist es durchaus möglich, daß Savonarola dem Freund zwischen Ende 1493 und Anfang 1494 – als jener, wie Ridolfi nachgewiesen hat, ihm seine im Entstehen begriffenen Arbeiten vorlas oder vortrug – durch »Rat und Urteil« geholfen hat.[2] Den Vorwurf der Abhängigkeit erhebt auch Lucio Bellanti da Siena, ein erbitterter Gegner Picos und Verteidiger der Astrologie, in seinem *De astrologocia veritate et in disputationes Joannis Pici adversus astrologos responsiones*, das im Mai 1498 in Florenz erschien; möglicherweise lehnt er sich an Neri oder an andere, damals verbreitete Vorstellungen an. Die Annahme, daß Savonarola in einigen Punkten den *Disputationes* des Pico verpflichtet war, ist im Grunde plausibel: auch Savonarola war sehr darum bemüht, die Autonomie der Religion, die menschliche Willensfreiheit und die Übernatürlichkeit prophetischer Gaben zu retten (man fühlt sich in diesem Zusammenhang auch an die Reaktion Luthers auf

Melanchthon erinnert). Auch Savonarolas abschließende These setzt einen für Pico typischen Akzent: »Insofern die Astrologie spekulativ ist, bleibt sie wahre Wissenschaft, weil sie Wirkungen aus wahren Ursachen zu erkennen versucht; die divinatorische Astrologie aber, die allein von Wirkungen handelt, die unterschiedslos aus ihren Ursachen hervorgehen, ist bloße Eitelkeit, zumal in jenen menschlichen Angelegenheiten, die dem freien Willen entspringen bzw. die nur selten aus Ursachen hervorgehen; sie verdient weder den Namen der Kunst noch den Titel der Wissenschaft.« Savonarola übernimmt hier einfach Picos Vorwort. »Astrologie nenne ich keineswegs jene Wissenschaft, die mit mathematischer Methode die Größe und Knotenpunkte der Sterne mißt, eine ebenso vornehme, wie sichere und verdienstvolle Kunst [...]. Ich meine vielmehr jene Lehre, die aus dem Lauf der Sterne die Zukunft vorhersagen will, eine lügnerische Spekulation, [...], die von Scharlatanen aufrechterhalten wird, die früher wegen ihrer Herkunft ›Chaldäer‹ und wegen ihrem Beruf ›Geneathlici‹ genannt wurden.« An dieser Unterscheidung sollte Pico stets festhalten, hatte er doch bereits in den *Conclusiones* mit einem fast galileianischen Ton bemerkt: *Sicut vera Astrologia docet nos legere in libro Dei, ita Cabala docet nos legere in libro legis* (»Wie die wahre Astrologie uns im Buche Gottes zu lesen lehrt, so die Kabbala im Buche des Gesetzes«).

Wenn es sich mit der Beziehung zwischen Savonarolas Traktat und Picos Disputation in dieser Weise verhält, so erscheint Pomponazzis Plagiatsvorwurf ohne jede Grundlage; er blieb freilich damals weit verbreitet. In einem Exemplar der Straßburger Ausgabe der Werke Picos aus dem Jahre 1504 hat A. Gorfunkel folgende Anmerkung gefunden: »Johannes Schöner behauptete, beim Bischof von Bamberg ein sehr altes Manuskript (*antiquissimum librum*) gesehen zu haben, aus welchem jener Pico alle seine Argumente gegen die Astrologen abgeschrieben hat (*descripsit*), die er schamlos als die eigenen ausgab. Der Verfasser dieses Buches aber war unbekannt.« Diese Anmerkung wurde Joannes Georgius Rheticus, »dem bedeutenden Mathematiker und Arzt« zugeschrieben, der behauptete, solches von Schöner persönlich gehört zu haben. Bei der hier unterstellten Quelle Picos, die verleumdnerisch als Plagiatsvorlage zitiert wird, mag es sich um eine jener mittelalterlichen Schriften gegen die Astrologen handeln, die bereits von Autoren wie Oresme oder Heinrich von Hessen, ja auch von Pico selbst gepriesen wurden.[3]

Doch lassen wir die Wahrheit dieser scharfen Vorwürfe auf sich beruhen. Hier ist lediglich ihre polemische Wirkung hervorzuheben, die Pico an zwei Stellen empfindlich treffen sollte: im Bereich der natürlichen Magie (denn Pico hatte, vornehmlich in seiner Jugend, die natürliche Magie gegen die zeremonielle Magie verteidigt) und der Astrologie (insofern er für die Astronomie und gegen die Kunst des Horoskopstellens eintrat). Mit anderen Worten: Picos Beitrag besteht darin, zwischen rationalem Element und Mythos zu unterscheiden; dies rückt ihn in den Mittelpunkt der Astrologie-Debatte. Pico war bemüht, auf mehreren Wissensgebieten genuin wissenschaftliche Aspekte und Methoden von Glaubensresten oder anderem abergläubisch-mystischen Streugut zu unterscheiden. Dies macht die einzigartige Bedeutung seines Werkes aus; nicht umsonst wurde der Astrologie-Traktat im 16. Jahrhundert von Giovanni Mainardi, einem berühmten Arzt, veröffentlicht. Die »Zwölf Bücher gegen die Astrologen« sollten also für mehr als ein Jahrhundert Diskussionen heraufbeschwören; Astronomie und Physik, ja die Humanwissenschaften im allgemeinen erfuhren durch dieses Werk entscheidende Anregungen. Picos Unternehmen besteht nicht nur darin, die Ursachen außergewöhnlicher Wirkungen und die Zuverlässigkeit von Horoskopen bzw. allgemeiner oder besonderer Voraussagen zu erforschen. Es geht vielmehr um die Ergründung der kausalen Bezüge, um die Natur himmlischer Einflüsse und um Krisen in der Geschichte oder im Leben der Individuen (Macchiavellis Gleichsetzung des Lebens der Völker mit dem individuellen Leben ist inzwischen zu einem Allgemeinplatz geworden.) In der Diskussion um die Astrologie fließen Geschichtsphilosophie, Politik, Moral, Medizin, Biologie und grundlegende Konzepte der Naturwissenschaften (vom Konzept der Ursache bis zum Gesetzesbegriff) zusammen. Auch die Religion und sämtliche Phänomene des seelischen Lebens sind hier selbstverständlich tangiert. Nicht zufällig wird zu Beginn des 16. Jahrhunderts Gian Francesco Pico della Mirandola, der Neffe Picos und ebenfalls ein bedeutender Forscher, eine Analyse der Astrologie vorlegen, welche die Theorien seines Onkels wiederaufnimmt und mit einer kritischen, erkennt-

14 Auch Seuchen wurden astrologisch erklärt. Hier ein Syphilitiker in astrologischer Darstellung. Der Holzschnitt soll einen Text des Arztes Ulsenius erklären. Nürnberger Einblattdruck 1496 mit Holzschnitt von Dürer.

nistheoretischen Untersuchung des allgemeinen Wissens bzw. der jeweiligen Künste und Disziplinen verbindet. Diese »Untersuchung der eitlen Lehre der Heiden« (*Examen vanitatis doctrinae gentium*), die noch bei den großen Philosophen im 17. Jahrhundert ein Echo findet, stellt im Rückgriff auf Sextus Empiricus und mittels einer Neubewertung der antiken Skeptiker (bzw. ihrer Argumente) die Werkzeuge von Erkenntnis und Wissenschaft in Frage. Sinn und Vernunft, Raum und Zeit, Ursache und Bewegung, das Endliche und das Unendliche – alle zentralen Begriffe menschlicher Erkenntnis, die in der klassischen Philosophie ja spezifische Formen angenommen haben, werden hier auf ihre Bedeutung und Gültigkeit überprüft.[4]

Picos *Disputationes* verstehen sich als eine Art Bilanz des 15. Jahrhunderts. Die programmatischen Ziele des Verfassers und die Gründe für ihren Erfolg sind offensichtlich: Pico wollte nicht bloß einen besonderen Aspekt des menschlichen Lebens, sondern alle Gebiete des Wissens und Handelns von Mißverständnissen befreien. Die wirkungsvolle Einleitung seines Werkes scheint zunächst rein rhetorisch zu sein; doch wer sie genau liest, entdeckt hier äußerst genaue Zielbestimmungen: die Wiederherstellung von Würde und Freiheit des Willens; die Rückgewinnung von Vertrauen und Verantwortlichkeit des Handelns; die Reinigung des religiösen Lebens; die Erneuerung der Medizin, die vom Aberglauben befreit und der Wissenschaft angeschlossen werden soll. Es geht hier also, mit einem Wort, um eine grundlegende Erneuerung der Philosophie. Es genügt nicht, wie Pico am Ende seines Buches unmißverständlich betont, die Astrologie ausschließlich als wissenschaftlichen Irrtum zu bekämpfen; ihrer wirklichen Natur nach muß sie vielmehr zunächst einmal als universale Weltanschauung oder religiöse Vision angesehen werden; in abgeleiteter Form kommen ihre Vorstellungen auf jeder Ebene und auf allen Gebieten menschlichen Lebens zum Tragen. »Die Fabeln der Astrologie« – so konstatiert Pico – »gründen weder in der Vernunft, noch lassen sie sich durch Experimente bestätigen – warum also sollte der Weise ihnen glauben? Oder müssen wir sie etwa als Orakel ansehen? Und diejenigen Dinge, die wir als unvernünftig widerlegt haben, zu göttlichen machen – in der Manier der Astrologen, die das närrische Treiben der Menschen aus den Sternen ableiten?«

Besonders erwähnenswert ist in diesem Zusammenhang das zwölfte Buch der *Disputationes*, worin Pico versucht, die Geschichte der Astrologie zu rekonstruieren. Ihre Entwicklung ist vor allem durch die Tatsache gekennzeichnet, daß ständig religiöse Glaubensformen alter Völker (Ägypter und Chaldäer) in das Gebiet von Philosophie und Wissenschaft einströmen. Seines Erachtens beruht dieser Einfluß jedoch auf einer Konfusion, die im Bereich der Astronomie erst durch ständige Verwechslung von physikalischen Körpern mit Sterngöttern zustande kommen konnte. »Als die griechischen Philosophen« – so bemerkt er – »mittels rationaler Beweise die Naturphilosophie behandelten, erwähnten sie die Ägypter überhaupt nicht. Von den Ägyptern haben sie lediglich dasjenige übernommen, was gewisse Kultriten und die Astronomie betraf. Dies erweist sich aus der Tatsache, daß sie sich immer auf die Ägypter oder Chaldäer beziehen, wenn es sich um Astronomie oder Mysterien handelt [...], in philosophischen Darlegungen aber finden wir die Ägypter weder bei Platon noch Aristoteles erwähnt.«

Anderseits, so fährt Pico fort, ist es nicht schwer, sich den geistigen Prozeß vorzustellen, kraft dessen die Astrologie bei den Ägyptern und Chaldäern zu einer generellen und einheitlichen Weltanschauung wurde. Er beschreibt diesen Vorgang in anschaulichen Worten: »Wer sich einer Theorie verschrieben hat, möchte alles auf sie reduzieren – nicht etwa, weil durch diese Theorie alles erklärt werden könnte, sondern weil es ihm wirklich so erscheint. Er verhält sich wie einer, der durch den Schnee läuft und dem die ganze Umgebung weiß erscheint [...]; oder dem hoffnungslos Verliebten, der überall das Gesicht der Geliebten sieht [...]. So ergeht es dem, der Theologe und nichts als Theologe ist, d.h. alles auf göttliche Ursachen zurückführt; dem Arzt, der alles auf körperliche Anlagen reduziert; dem Physiker, der nur die natürlichen Prinzipien der Dinge kennt; dem Mathematiker, der alles von Zahlen und Figuren ableitet – wie die Pythagoräer. In ähnlicher Weise standen die alten Chaldäer völlig im Banne von Sternenbeobachtung und Himmelsmessung; alle Dinge waren für sie Sterne und sie liebten es, alles auf sie zurückzuführen.«[5]

Die Astrologie ist also zu einer allgemeinen Weltanschauung geworden; insofern bildet sie die Wurzel des großen Baumes der Erkenntnis. Pico ist also nur konsequent, wenn er sie auf jedem Gebiet untersucht und mit den allgemeinsten Fragen der Logik und Metaphysik beginnt. Die Astrologen »... haben die physische Wirklichkeit nicht hinreichend studiert; sie verstehen weder den Unterschied zwischen Universalursache und speziellen Ursachen, noch die Funktion dieser beiden Kausalitäten. Auch wissen sie nicht, was der Substanz des Himmels entspricht und was ihr widerspricht, was Substanz und Akzidenz ist [...], und was der Unterschied zwischen den Werken der Natur und der menschlichen Kunst; endlich können sie nicht sagen, ob ein Zeichen etwas anzeigen kann, ohne dessen Ursache zu sein.«[6]

Die theoretische Konstruktion, die Pico der astrologischen Weltanschauung entgegenhält, verdiente eine genauere Betrachtung: der Philosoph versucht hier, in einem konkreten Bereich, jene Annäherung oder gar Versöhnung von Platonismus und Aristotelismus zu realisieren, die er seit dem Beginn

15 *Atlas trägt das Himmelsgewölbe. Holzschnitt von 1559.*

seiner Studien verfolgte. Das Beharren auf der Unmöglichkeit, besondere Ursachen aus allgemeinen abzuleiten, scheint aristotelisch; die Verteidigung der unbegrenzten Möglichkeiten des menschlichen Geistes hingegen hat einen neoplatonischen Unterton. Die ständige Polemik schließlich gegen die Ägypter und Chaldäer, zumal gegen ägyptische Kulte, zielte sicherlich gegen Ficino oder, besser gesagt, gegen eine gewisse ägyptisierende Mode, die Ficinos Hermetismus populär gemacht hatte.

Die zentralen Momente in Picos Astrologie-Kritik sind folgende: der Zusammenhang von Astrologie und Medizin (etwa die Achtmonatsgeburt, die kritischen Tage und deren lunarer Einfluß); die Theorie der Gezeiten; die Doktrin der ›Elektionen‹; die großen Konjunktionen (d.h. das Horoskop Christi und der Religionen im allgemeinen); die Frage der Natur und der Himmelskräfte »Licht«, »Wärme«, »Bewegung«. Im Mittelpunkt steht in jedem Fall das Thema der menschlichen Autonomie, also die Herrlichkeit des Menschen als Seele, Geist und freischaffender Wille im Gegensatz zur materiellen Natur. Das Genie des Aristoteles läßt sich nicht aus himmlischen Ursachen erklären: unter dem gleichen Zeichen wurden viele Menschen geboren, aus denen kein Aristoteles entstand; vor allem steht der Geist des Aristoteles jenseits der Kette natürlicher Ursachen. »Wenn du Aristoteles als Inbegriff der Wissenschaft verehrst,« so gibt Pico einem Astrologen zu bedenken, »dann bewundere ich ihn mit dir. Aristoteles' Ursache aber, so sagst du, sei der Himmel und die Sternenkonstellation zur Zeit seiner Geburt. Dies leugne ich. Weniger wegen des banalen Argumentes, daß aus vielen, die unter dem gleichen Stern das Licht der Welt erblickten, kein Aristoteles entstand; vielmehr meine ich, daß es – abgesehen vom Himmel, der für die Schweine Boethiens ebenso als Universalursache fungiert wie für attische Philosophen – näherliegende, eigene und besondere Ursachen gibt, auf die wir die Einmaligkeit eines Aristoteles zurückführen müssen [...]. Er empfing eine gute Seele, aber nicht vom Himmel; [...] und auch einen Körper, ebensowenig vom Himmel, sondern von seinen Eltern [...]. Die Intelligenz, die unkörperlich ist, kommt nicht von den Sternen, sondern von Gott, so wie man den Körper vom Vater und nicht vom Himmel erhält.« Weil Pico unmittelbare Ursachen allgemeiner Natur (*causae generales*) ablehnt, weist er der Wissenschaft gerade die Erforschung der Vermittlung und der nächsten Ursachen (*causae proximae*) als Ziel zu. Weil er den okkulten Ursachen und den Dämonen feindselig gegenübersteht, bezeichnet er die menschliche Freiheit als konstruktive Fähigkeit, die sich durch natürliche Magie realisiert. Als er zwischen 1493 und 1494 die *Disputationes* redigiert, hat sich sein Interesse verschoben; er ist nicht mehr derjenige, der einst Magie und Kabbala gegen die Angriffe der römischen Theologen verteidigte. In der *Apologia* schreibt er: »Ich sage und wiederhole, daß der Begriff der Magie zweideutig ist, denn er bezeichnet sowohl die Nekromantie, bei der man durch Pakte und enge Kontakte mit den Dämonen vorgeht, als auch die praktische Seite der Wissenschaft von der Natur; diese lehrt, mittels der Naturkräfte wundervolle Werke zu vollbringen, indem man die einen mit den anderen in Beziehung setzt und auf die passiven Naturen wirken läßt.« Diese Haltung büßte er damals mit einer Verurteilung; sie bescherte ihm auch eine umfangreiche Widerlegung durch Pedro Garcia (*Determinationes magistrales contra conclusiones apologiales ...*, 1489), worin der zukünftige Bischof von Barcelona den vielleicht bedeutendsten Punkt der Diskussion ansprach: die Beziehung zwischen einer theoretischen Erkenntnis der Universalursachen (in der Astronomie) und ihrer praktisch-experimentellen Umsetzung (mittels Magie). Die experimentelle Erkenntnis, die sich mit einzigartigen Tatsachen und Umständen befaßt (*noticia experimentativa quae circa singularia et singulares circumstantias versatur*), ist niemals Wissenschaft; sie kann allenfalls betrügerisch und fehlerhaft sein. Die experimentelle Erkenntnis (*noticia experimentativa*) als Wissenschaft (*scientia*) oder Teil der Naturwissenschaft (*pars scientiae naturalis*) zu betrachten, ist »lächerlich« (*ridiculum*). Der Magier muß *sciens* (»Wissenschaftler«), nicht *experimentator* genannt werden. Anders gesagt: das vermittelnde Bindeglied, das Pico zwischen Astrologie (Kabbala) und Magie, d.h. zwischen Theorie und Praxis sucht, ist illusorisch. Zwischen beiden besteht keinerlei dialektische Beziehung. Aber noch in der *Oratio* glaubte Pico, eine Lösung gefunden zu haben: in Gestalt des *magnum miraculum*, des schaffenden und sich selbsterschaffenden Mensch, der vermittelt zwischen dem Reich der Erkenntnis und dem Reich des Handelns. Diese Antwort verringerte jedoch nicht die Schwierigkeiten, die später in den *Disputationes* auftraten: Pico unterstützte dort die aristotelische Vorstellung, wonach die Himmelssphären als Universalursachen rational erkennbar sind, im Gegensatz zur Welt des Partikularen, Erfahrbaren, Variablen und Individuellen, die nicht a priori bestimmt und daher auch nicht Feld für irgendwelche wissenschaftlichen Operationen sein kann. Das entscheidende Manko der *Disputationes* liegt nicht, wie noch häufig behauptet wird, im ptolemäischen Geozentrismus (der übrigens sehr nuanciert auftritt), sondern in der aristotelischen Gegenüberstellung von Himmel und Erde, von Astrophysik und Geophysik. Eine weitere Schwachstelle liegt in der Illusion, die Beziehung zwischen der Welt der Notwendigkeit und der Welt der Freiheit durch Rekurs auf das *Miraculum magnum* überwinden zu können, obwohl der Abstand zwischen Materie und Seele, Schicksal und freiem Willen zuvor ja deutlich vergrößert worden war.[7]

Trotz (oder gerade wegen) dieser Widersprüche bleiben die *Disputationes* ein herausragendes kulturelles Ereignis. Indem sie zentrale Begriffe der Welterkenntnis (*de caelo et mundo*) in

Frage stellen, versetzen sie der theoretischen Begründung von Wissenschaft einen schweren Schlag; auch zeigen sie mit Nachdruck, daß die Astrologie alle Bereiche des Lebens und der Sitten durchdringt und nicht nur als eine simple Voraussagetechnik, sondern als allgemeine Sicht der Welt und der Geschichte erkannt werden muß, deren Einfluß überall in entscheidender Weise spürbar war. Der Glaube an das Sternenschicksal wirkt überall: im Alltagsleben und in der medizinischen Praxis, in Kunstdarstellungen und feierlichen Gebeten, in der Vorstellung historischer Zyklen und religiöser Themen. Die *Disputationes* waren weder vollendet noch überarbeitet, als sie 1494 posthum veröffentlicht wurden – zwischen apokalyptischen Ankündigungen und drohenden Katastrophen. Und doch wurden sie ein gewaltiges Buch, ein Manifest der Vernunft und Freiheit des Menschen, ein Dokument des Glaubens an die Möglichkeit von Kritik und historischer Forschung. Es zwang Picos Zeitgenossen zu einer Auseinandersetzung mit der Astrologie und eröffnete gleichzeitig eine exakte Debatte über die Astronomie, d.h. über die Physik des Universums und über den Menschen, über Natur und Schicksal. Diese Debatte sollte neben zwei andere bedeutende Auseinandersetzungen treten: die von Ficino und Pomponazzi eröffnete Debatte über Seele und Unsterblichkeit und die Diskussion um Staat und Gesellschaft, die Macchiavelli auf so dramatische Weise entfacht hatte. Es gab also drei Fragestellungen, die fast gleichzeitig und am gleichen Orte – wenn auch nicht ohne Interferenzen und wechselseitige Verbindungen – auftraten. Drei Brennpunkte der philosophischen »Revolution« der Moderne: das System der Welt, die Vorstellung vom Ich und die »Res publica«, d.h. der Staat.[8]

II.

Es wäre interessant, die Rezeption von Picos Werk im einzelnen und in ihrer mannigfaltigen Entwicklung – zumal im 16. Jahrhundert – zu verfolgen; doch dies wäre eine endlose Aufgabe. An dieser Stelle sei nur jenes Problem genannt, das für die Ärzte von schwerwiegender Bedeutung war: die sogenannten Krisen und kritischen Tage, die sich nicht nur auf Behandlungen und Anwendungen von Medikamenten, sondern auch bei chirurgischen Eingriffen auswirkten. Girolamo Fracastoro (um nur einen Namen zu nennen) wies mit großer Klarheit auf das Erfordernis hin, festzulegen, ob die Krisen, kritischen Tage und die Lebensrhythmen im allgemeinen von himmlischen Ursachen (z.B. dem Mond) oder – wie er glaubhaft machen wollte – von internen Ursachen, d.h. einer dem Leben selbst innewohnenden Periodizität abhingen. Auf die Dispute über Epidemien und Ansteckung sei in diesem Zusammenhang nur hingewiesen.[9]

Pico war natürlich nicht der einzige, der solche Fragen aufwarf; doch er hatte sie als erster miteinander verknüpft und gleichzeitig gezeigt, daß eine ernsthafte Lösung zugleich eine allgemein theoretische Revision einschließen müßte, die nicht nur Logik und Metaphysik, sondern – infolge der daraus erwachsenden Konsequenzen – auch die großen Themen von Religion und Politik berühren würde. Die Religion war von zweierlei Seite bedroht: einerseits durch die Kritik derjenigen, die sie als politisches Instrument denunzierten; andererseits durch den Versuch, sie den Himmelsbewegungen unterzuordnen und gleichsam als Nebenprodukt von Sonnen- oder Mondfinsternissen zu interpretieren, d.h. auf die Dimension einer Finsternis von Sonne und Mond zu reduzieren. Nicht selten konvergierten diese beiden Haltungen.

Es fiel nicht schwer, Pico zu bekämpfen; man brauchte in

seinen Werken nur die apologetischen Akzente hervorheben und ihm Beziehungen zu Savonarola vorwerfen. Man konnte auch – dies tat vor allem der beredsame Pontano – auf eine Widerlegung verzichten und nur den poetischen Aspekt der Astrologie betonen, die verführerische Faszination von Gestirnen, die weniger Ursachen, als vielmehr Zeichen waren: »Die Himmel erzählen vom Ruhme Gottes« (*enarrant coeli gloriam Dei*).[10] Die Rückkehr der reinen, faszinierenden Konturen der griechischen Götter, ihre Wiederentdeckung jenseits barbarischer Deformationen war freilich das am wenigsten innovative Moment der »Wiederkehr der Antike«. Als Cornelius Agrippa in seiner berühmten Schrift *Declamatio de incertitudine et vanitate scientiarum atque artium* auf die divinatorische Astrologie zu sprechen kommt, bemerkt er, Bellanti habe die Argumente Picos noch nicht einmal gestreift. Die ganze Divination lasse sich auf zwei Dinge reduzieren: auf Poesie und auf einträgliche Scharlatanerie. Er fügt allerdings ergänzend – und Pico hierin fast paraphrasierend – hinzu, daß die Astrologie, oder genauer: die astrologische Weltanschauung durch ihre Leugnung der Providenz nicht nur die Religion umstürze, sondern wegen der Ersetzung »wahrer Ursachen«, durch bloße »Fabeln« auch alle freien Künste (*bonae artes*), vor allem Philosophie und Medizin, aber auch die moralischen Disziplinen und Sitten korrumpiere. Die Haltung Agrippas einzuschätzen, fällt nicht leicht; da ist einerseits die magische Spekulation seines Traktates *De occulta philosophia*, andererseits aber die »Deklamation« *De incertitudine*; beide Themen freilich wurden bisweilen in einer dialektischen Beziehung gesehen. Eines scheint jedoch offensichtlich zu sein: Picos *Disputationes* zwangen nicht wenige dazu, die Gültigkeit der Wissenschaften neu zu untersuchen und zu überdenken. Selbst wenn, in der Nachfolge Ficinos und der Hermetik, die harmonische und musikalische Vision eines in Stufen und Graden eingeteilten

Ganzen weiterhin einflußreich war (man denke an Francesco Zorzi) und die Magie ihre Herrschaftsphantasien, ihren Traum von einer Bemeisterung der Realität fortspann – die durch Pico eingeführten Themen warfen schließlich nach und nach immer mehr beunruhigende Fragen auf. Ausgehend vom Problem der Vorhersage und der prophetischen Künste wird etwa der bereits erwähnte Gian Francesco Pico versuchen, das Projekt von Giovanni Pico von den epistemologischen Grundlagen der einzelnen Disziplinen her zu vervollständigen. Doch dieser Versuch sollte nicht – wie bei Agrippa – in eine *Declamatio de incertitudine* münden, sondern die Grundlagen von Erkenntnis in den Bedingungen ihrer Möglichkeit herausarbeiten.[11]

Freilich fehlte es auch vor Gian Francesco Pico nicht an Versuchen, das Wissen in »Vergleichen«, »Klassifikationen« und »Bäumen« der Wissenschaften und Künste zu systematisieren; und es gab auch vorher schon Diskussionen über den »Adel« der Wissenschaft (liegt deren Vorrangstellung, so fragte man, im Gegenstand des Wissens oder im Grad seiner Gewißheit?); sogar in logischen Erörterungen hatte man sich versucht. Gian Francesco Pico freilich beunruhigten zwei Probleme: die religiöse Frage, ob die Philosophie Raum für den Glauben lassen würde, und wenn ja, wieviel; woran die ausgesprochen theoretische Frage anschloß, ob Wissenschaften vom Menschen möglich seien, und wenn ja, worauf diese sich gründeten. Bedeutsam ist auch der Umstand, daß der Neffe Picos von den antiken Skeptikern, besonders von Sextus Empiricus, angeregt wurde. Gian Francesco Pico hat sich die Lektion der *Disputationes* völlig zu eigen gemacht; er geht noch über die Widerlegungen der Pseudo-Wissenschaft und die Untersuchung ihrer historischen Genese hinaus, um sich dem grundsätzlichen Problem der Möglichkeiten und Grenzen menschlicher Erkenntnis zu stellen. In diesem Zusammenhang analysiert er die großen Philosophen der Vergangenheit und ihr Erbe: die *doctrina gentium*, die sogenannte »Weltweisheit« oder »Lehre der Völker«. »*Vanitas*«: so lautet auch hier – wie später bei Agrippa – das abschließende Urteil. Doch während Agrippa seine jugendliche Lobhudelei von Magie und Okkultismus mit einer »heftigen Ansprache« (*invectiva declamatio*) beschließt, versucht sich Pico mit wahrlich anderer Kohärenz an einer grundsätzlichen Wissenschaftskritik, ja an der Zerstörung falscher Wissenschaft.

Pomponazzi, ein Zeitgenosse von Gian Francesco Pico, greift die Fragen von Astrologie, Magie und Religion, das Problem der Orakel und Wunder in einem Werk auf, dessen revolutionärer Inhalt Epoche machen sollte: der Traktat *De incantationibus*, genauer: *De naturalium effectuum sive de incantationibus*. Dieses Werk wurde freilich oft mißverstanden und bleibt in der Tat unverständlich, wenn man es nicht in jenen Kontext stellt, der durch die Debatten um Kausalität, himmlische oder okkulte Ursachen, außergewöhnliche oder wunderbare Begebenheiten und religiöse Veränderungen bestimmt ist. Pomponazzi verschweigt seine Gesprächspartner keineswegs: Ficino und Pico werden ausdrücklich genannt. Andere lassen sich unschwer ausfindig machen: etwa Ärzte wie Antonio Benivieni, der »die geheimen und erstaunlichen Ursachen von Krankheiten und Heilungen« (*de abditis nonnulis ac mirandis morborum et sanationum causis*) diskutieren wollte, oder Andrea Cattani, der über »Ursachen wunderbarer Wirkungen« (*De causis mirabilium effectuum*) handelt.[12] Im Hintergrund stehen die Bemühungen Avicennas und seiner Schüler, nicht nur Träume und Prophezeihungen , sondern auch Verzauberung (*incantatio*), Bezauberung (*fascinatio*) sowie jedes wundersame Phänomen auf natürliche Weise, d.h. durch die Einbildungskraft zu erklären. Die gesamte (normale oder paranormale) Erfahrung also – Wunder, Prophezeihungen und

Vorhersagen eingeschlossen – wird daraufhin untersucht, ob sie nicht auf natürliche Weise – d.h. durch *causae naturales* – zu erklären sei. Dieser Untersuchungsmethode werden nun einerseits die Astrologie, andererseits die Religionen unterworfen.

In diesem Zusammenhang muß Pomponazzis Haltung, insbesondere gegenüber Pico, klargestellt werden. Pico wollte die Naturvorgänge rational erklären; angesichts des Risikos, den Menschen durch Natur oder Schicksal zu vereinnahmen, hatte er die Einheit der Wirklichkeit aufgespalten und die ontologische Einmaligkeit des Menschen hervorgehoben. Man kann die Thematik Picos kaum verstehen, wenn man sich nicht immerfort seine Deutung des Menschen als *magnum miraculum* und *copula mundi* – als wundersamer Vermittler und Bindeglied der Wirklichkeit – vor Augen hält. Die Freiheit des Menschen wird bezahlt durch einen Bruch in der Einheit des Ganzen; der Mensch tritt aus der ontologischen Struktur der Wirklichkeit heraus. In diesem Sinne entfernt sich Pico von Ficino wie von Pomponazzi. Ficinos Tendenz, das Ganze zu beleben und zu beseelen, feiert im Menschen eine Wirklichkeit, die ohnehin bereits auf die Ebene von Seele und Leben emporgehoben wurde. Pomponazzi läßt umgekehrt den Menschen in der Natur aufgehen, d.h. fesselt ihn an Notwendigkeit und Animalität; gleichwohl wird der Mensch aber als eine Art moralischer Ausnahme anerkannt. Daraus erwächst die Tragik des Weisen, der sich der Eitelkeit des Lebens bewußt ist: wie Prometheus bleibt er an den Felsen gefesselt und wird vom Geier gequält. Edel ist der Mensch, weil er sich sterblich weiß und dennoch von der Unsterblichkeit träumt. Die dichte Struktur des Realen kann erst auf moralischer Ebene aufgebrochen werden. Das einheitliche Universum von Ficino tendiert letztlich dazu, alles in die Seele zurückzunehmen und aufzulösen (der Körper ist nur der Schatten der Seele) – eine symbolische Umkehrung von Pomponazzis Universum, worin alles Sterblichkeit und Körperlichkeit ist, d.h. die Unsterblichkeit der Seele nur als Hauch und Traum erscheint.[13]

In seinem Traktat *De fato, de libero arbitrio et de praedestinatione*, der fast gleichzeitig mit *De incantationibus* im Jahre 1520 vollendet wurde, hat Pomponazzi über die fatale Veränderung der Welt und des Schicksals gesprochen, über das unendliche »Auf und Ab«, von dem auch Giordano Bruno öfter handeln wird. Alles in der Welt, so bemerkt er, steigt und fällt in aufeinanderfolgenden Zyklen: »Wer einst Bettler war, wird ein anderes Mal König und Herr sein [...]. Städte und Länder, die einst groß und mächtig waren, werden klein und machtlos [...], als sei alles nur ein Spiel der Götter (*ludus deorum*). Da der Mensch nach Platon ein Wunder in der Natur (*miraculum in natura*) sei, wisse er nicht, ob Gott ihn in vollem Ernst oder nur aus Spaß (*ludo an serio*) geschaffen habe.« Gewiß, der Mensch ist das *miraculum magnum*; doch dieses »große Wunder« bricht weder das Naturgesetz, noch die Struktur des Seins; solches wäre nämlich widersprüchlich, absurd und unmöglich. Der Mensch ist also ein »Wunder *in* der Natur«, ein Wunder aus reiner Illusion und Leiden, mit einem Wort: ein Spiel der Götter (*ludus deorum*).[14]

Auch für Pomponazzi stellt sich – wie bereits für Pico und Ficino, die ihm ständig gegenwärtig sind – das Problem der Magie und der Astrologie; die Überlegungen seiner Vorgänger fügt er freilich in eine streng naturalistische und fatalistische Konzeption der Dinge ein. Auch der (durchaus kritische) Rückgriff auf Avicenna betrifft vor allem Anregungen, die natürliche Erklärungen der sogenannten »Wunder der Natur« ermöglichen sollen. In diesem Zusammenhang interessiert Pomponazzi, inwiefern Imagination und Emotion die physikalische Ebene beeinflussen und organische Modifikationen auslösen können, die man für außergewöhnlich oder wunderbar hält.

Der Rahmen des Ganzen ist in dieser allgemeinen Konzeption die natürliche Ordnung der Dinge (*ordo rerum*): der »aufeinanderfolgende und stetige Wechselfall« der Dinge, ihre Transformation vom Einen ins Andere, ihr Vergehen und Werden in endlosen Zyklen, die stets anders und doch gleich verlaufen. »Diese Ordnung« – sagt Pomponazzi abschließend in *De fato* – »wird über unendlich viele Jahrhunderte hinweg immer bestehen bis zur Unendlichkeit; sie steht nicht in unserer Macht, sondern entspringt dem Schicksal [...]. Und wie die Erde einmal fruchtbar, ein anderes Mal unfruchtbar scheint, und wie Große oder Reiche niedrig und elend werden, ebenso ist auch der Lauf der Geschichte bestimmt. Wir sahen die Griechen über Barbaren herrschen; heutzutage herrschen die Barbaren über Griechen. In dieser sich ständig verändernden Form verlaufen alle Dinge. Daher ist es auch wahrscheinlich, daß derjenige, der heute König ist, eines Tages Sklave sein wird und umgekehrt [...] Wenn nun jemand fragen sollte, was dies für ein Spiel sei, so mag man ihm antworten, es sei ein Spiel Gottes (*quis ludus est iste?* [...] *Dei ludus esse*).«[15]

War die ewige, universale Wiederkehr der Dinge, der dauerhafte, rhythmische Zyklus des Auf und Ab erst einmal postuliert, folgte logischerweise auch die Berufung auf die Astrologie und ihre großen Themen: der Wandel der Kulturen und der Wechsel der Religionen, denn »die Himmelskörper [...] regieren und erhalten das Universum« (*corpora coelestia* [...] *universum gubernant et conservant*). Pomponazzi beschwört eine Art *communis opinio*, worin die Thesen des Jacques Lefèvre d'Etaples ebenso inbegriffen sind wie die etruskischen *haruspices*. »Die etruskischen Vogelschauer behaupteten [...], es gäbe acht verschiedene Lebensformen und Sitten. Einer jeden hätte Gott eine Zeitspanne im Zyklus des großen Jahres zugewiesen. Wenn diese Zeit zu Ende gehe und eine neue anbreche, gäbe es auf der Erde und im Himmel Zeichen, die den

Erfahrenen und Kundigen zeigten, daß Menschen aufträten, die unter anderen Regeln und Gebräuchen leben [...], und mehr oder weniger durch die Götter begünstigt würden. Übrigens zeigen sich bei jeder Veränderung große Umbrüche (*magnas immutationes*).«[16] Pomponazzi bezweifelt weder die Verbindung aller menschlichen Ereignisse mit dem Himmel noch die Determination durch Gestirne; er stellt allenfalls die Frage nach den spezifischen Wirkungsweisen solcher Einflüsse. Wenn ihr ewiges Auf und Ab das ganze Universum nach Naturzyklen strukturiert – was spricht dann dagegen, auch eine Revolution oder die Geburt eines großen Menschen als Glied in diese lange Ereigniskette einzubeziehen? »Ich erinnere mich nicht, jemals in den Geschichtsbüchern gelesen zu haben, daß irgendeine bedeutsame politische Veränderung oder das Leben eines Mannes, der wegen seiner Tugenden oder Missetaten Erwähnung verdient, sich ohne große Vorzeichen am Himmel vollzogen hätte, die Geburt oder Tod, Anfang oder Ende anzeigten. Solche Vorzeichen sind dauernd oder häufig vorhanden und besitzen demnach eine rein natürliche Ursache. Daß sie vom Einfluß der Himmelskörper herrühren, dafür spricht auch die Tatsache, daß die Astrologen sie – wie die Geschichte zeigt – durch ihre Sternbeobachtungen erklären können.«[17]

Hat man das Vorurteil bzw. die metaphysische Hypothese einer menschlichen Sonderwelt und einer vom Schicksal gelösten Freiheit aufgegeben, dann erscheint die Himmelsuhr als große Rechenmaschine, die das Werden des Universums regelt; die irdischen Erfahrungen aber bekräftigen die gegliederten Verbindungen von Himmel und Erde. Wo alles miteinander verbunden ist, erscheint ein großer Heiliger oder ein großer Verbrecher nur als irdische Umschrift himmlischer Ereignisse. Pomponazzi kommt es vor allem darauf an, vermeintlich anormale Phänomene wieder an natürliche Ursachen anzuschließen und rationaler Argumentation zugänglich zu machen. Auf Dämonen oder Wunder verzichtet er; die Ursachen mirakulöser Ereignisse liegen anderswo: in nervöser Spannung, in der Kraft der Imagination, in geheimen Fähigkeiten und Eigenschaften, die nur deshalb »okkult« genannt werden, weil man sie noch nicht aufgedeckt hat (keineswegs aber, weil sie übernatürlich wären). In dieser Weise verhält es sich also mit den Ursachen wunderbarer Begebenheiten. »Hier nun ein beispielhaftes Zeugnis: In Padua waren viele Leute am Hof des hochgelehrten und heiligmäßigen Bischofs Piero Barozzi versammelt. In Anwesenheit des Bischofs kommt die Sprache auf Apollonius von Tyana, der weit entfernte Dinge sehen konnte. Viele schrieben diese Fähigkeit der magischen Kunst zu. Der hochgelehrte Mann nun, der überall als einer der größten Gelehrten auf dem Gebiete der Mathematik galt, sagte lächelnd, daß er in alledem nichts erkennen könne, das der Natur widerspreche. Denn die unteren Dinge strahlen Bilder und Formen in die Luft ab und bis zum Himmel; von dort aber werden sie – wie von einem Spiegel zum anderen – in die unteren Zonen zurückreflektiert. Auf diese Weise kann man auch entfernt liegende Dinge wahrnehmen. Er zitierte auch Autoren, die dies bestätigen, die ich aber vergessen habe, und fügte auch noch einige andere einschlägige Geschichten hinzu. Er sagte, daß manch' einer, der wegen solcher Dinge für heilig gehalten wurde, besser hätte als Teufel angesehen werden müssen – wegen der Schuld, die er auf sich geladen habe.«[18]

Weder die natürliche Magie noch die Wirkung unbekannter menschlicher Kräfte und Eigenschaften werden also von Pomponazzi geleugnet. Manche Kräuter haben medizinische oder physiologische Wirkungen; warum sollen da nicht manche Menschen ähnliche Fähigkeiten haben? Warum nicht zugeben, daß die Spannung der Imagination oder der Affekte sich auf den Körper auswirkt und dort Modifikationen – etwa die Wundmale oder ähnliches – hervorruft? »Ärzte und Philosophen wissen, was Glaube und Einbildungskraft (*fides et imaginatio*) bewirken können.« Daß in San Celestino einmal die Bürger von Aquila durch ein heftiges Gebet ein Gewitter fernhalten konnten, war nach Ansicht Pomponazzis möglich, weil es gelungen war, einen physikalischen Prozeß herbeizuführen, der dem Läuten der Sturmglocken entspricht: Dies hatte Luftbewegungen und -veränderungen ausgelöst, welche die Wolken vertrieben. »Dieses aber« – kommentiert Pomponazzi – »nennt man Magie, weil nur die gelehrtesten der Menschen sie verstehen; denn die geheimsten Dinge gehören den Weisen (*occultissima sunt sapientum*) [...]. Und das Wort ›Magier‹ bedeutet im Persischen ›Weiser‹ [...]. Engel und Dämonen aber wurden für das Volk eingeführt, und diejenigen, die diese Wesen einführten, wußten sehr wohl, daß sie nicht wirklich existieren können [...]. Denn die gewöhnlichen Menschen, die keine Philosophen sind, gleichen in Wirklichkeit wilden Tieren (*veluti bestiae*) [...]. Die Sprache der Religionen (*sermo legum*) aber ist, wie Averroes in seiner *Poetica* sagt, der dichterischen Sprache ähnlich; die religiösen Erdichtungen sollen uns zur Wahrheit geleiten und dienen der Erziehung der einfältigen Masse, die es nötig hat, durch die Hoffnung auf Belohnung oder die Furcht vor Strafe zum Guten geführt und vom Schlechten abgehalten zu werden – so wie man es auch mit Kindern hält. Nicht allein auf dem Gebiet der Pädagogik, des Sozialen und Politischen sind Religionen nützlich, vielmehr wirken sie gleichfalls durch Ritus und Gebet. Es ist ein Irrtum, die Philosophen der Gottlosigkeit anzuklagen oder zu behaupten, daß nach ihrer Lehre das Beten zu den Göttern unnütz sei [...] Es ist im Gegenteil offensichtlich, daß man nach Meinung der Philosophen zu den Göttern beten soll und daß ein Gebet niemals ohne Nutzen ist.«

Weiter ist es in diesem Zusammenhang wichtig, sich rechtzeitig klar zu werden über den Untergang einer Religion und

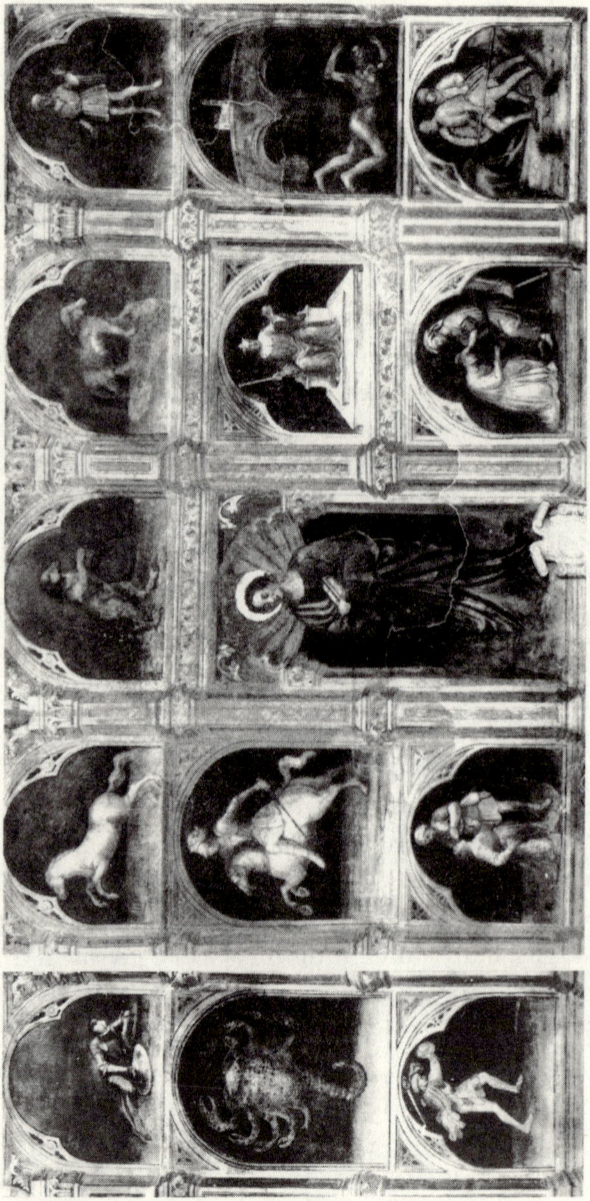

16 Anordnung der Paranatellonta im Salone zu Padua.

das Aufkommen einer neuen. Wenn eine Religion untergeht, erkaltet die Wirkung der Gebete und die Wunder hören auf.[19] In einem skandalösen Text, der noch Jahrhunderte lang Furore machen sollte, entfaltet Pomponazzi eine radikale Theorie des Religionswandels, die im Grunde auf der astrologischen Annahme eines Religionenhoroskops basiert. »Da die Veränderungen der Religionen zu den schlechthin größten Wandlungen zählen, und da der Übergang vom Gewohnten zum höchst Ungewohnten schwierig ist, muß eine neue Religion von außergewöhnlichen und erstaunlichen Wundern begleitet sein. Deshalb müssen die Himmelskörper beim Auftreten einer neuen Religion die Geburt von Menschen bewirken, die Wunder vollbringen können. Solche Menschen vermögen es dann, Regen, Hagel und Erdbeben auszulösen oder verschwinden zu lassen; sie können den Winden oder dem Meer befehlen, Krankheiten jeder Art heilen, Geheimnisse lüften, die Zukunft voraussagen, die Vergangenheit erinnern und überhaupt den gewöhnlichen Sinn und Verstand der Menschen überschreiten. Nur auf diese Weise können sich neue Religionen und neuartige Sitten oder Gebräuche durchsetzen. Die in Kräutern und Steinen, in vernünftigen und unvernünftigen Wesen zerstreuten Kräfte können sich durch die Gabe Gottes und kraft höherer Intelligenzen in diesen Menschen konzentrieren, so daß man sie mit Recht für Söhne Gottes hält (*Dei filii rationabiliter creduntur*).«[20]

Aus den gleichen Gründen konnte das Kreuzzeichen in den Zeiten des Urchristentums Krankheiten heilen; heute jedoch hat es diese Fähigkeit verloren: »Daher ist in unserem Glauben heutzutage alles erkaltet, es gibt keine Wunder mehr, nur noch falsche und lügnerische. Das Ende scheint nahe.« Es handelt sich um das Ende eines Zyklus, um das Ende des Christentums, nicht jedoch um das Ende schlechthin: »Nach diesen Orakeln kommen andere, die von entgegengesetzter Natur sind wie die vorherigen; doch die erste Kategorie geht nicht endgültig unter [...]. Es ist, wie wenn sich das Menstruationsblut zersetzt und ein Mensch hervorgebracht wird, was ja auch nicht bedeutet, daß der Natur auf Dauer das Menstruationsblut entzogen wird oder daß dieses Blut eine nicht-menschliche Form angenommen hat.« Sicherlich greift Pomponazzi hier auf Plutarch zurück, doch der Nachdruck, mit dem er das Religionenhoroskop mit jener Theorie verband, die Religionen als nützliche Fabeln zur Beherrschung des Volkes darstellte, verfehlte seine Wirkung nicht. Vanini übernimmt Pomponazzis blasphemische Seiten wortwörtlich im 52. Dialog (*de oraculis*) seiner »bewundernswerten Geheimnisse der Natur« (*De admirandis naturae arcanis*): »Die Götter sterben, weil sie geboren wurden, auch wenn sie dann wieder im Zyklus der ewigen Wiederkehr wiedererstehen. Die Götter müssen untergehen, weil sie einen Anfang haben, so wie sich auch das Menstrualblut zersetzt«-(*cum* [...] *Dii* [...] *habeant deficere* , *quoniam incoeperunt, veluti corrumpitur sanguis menstrualis*); ihr »hohles und nutzloses Bildnis« (*cassa et inutilis imago*) aber bleibt in der Zwischenzeit »kalt und tot« (*frigida et mortua*).[21] Robert Burton erläutert in seiner »Anatomie der Melancholie«: »Cesare Vanini [...] ist viel freier, reicher, offener [...] als jeder andere neuzeitliche Autor (mit Ausnahme Cardanos) und er ist ein wahrer Schüler seines Lehrers Pomponazzi; im Einklang mit der peripatetischen Lehre führt er alle Erscheinungen – Vorzeichen und Wunder, Orakel und Unfälle, Veränderungen von Religionen oder Reichen – auf natürliche Ursachen zurück (und wurde daher von Mersenne hart angegriffen).«[22] Auch wenn sich im 18. Jahrhundert die Polemik verlagert, so werden doch die gottlosen Seiten Pomponazzis, durch Vermittlung des atheistischen Vanini, weiterhin in den Diskussionen der Freidenker und »Libertins« Früchte tragen.[23]

Cardanus (und mit ihm etliche andere, in und außerhalb

Italiens) haben wir außer acht gelassen; Nifo beispielsweise.[24] Denn die heikelsten, brisantesten Themen der astrologischen Diskussion finden im Dialog zwischen Ficino, Pico und Pomponazzi allesamt exemplarischen Ausdruck; nicht zufällig waren es ihre Schriften, die in den Diskussionen der folgenden Jahrhunderte am häufigsten zitiert werden sollten. Im Dialog dieser großen Drei geht gewissermaßen eine geschichtliche Epoche zu Ende. Später werden andere, originelle und eigenständige Denker die verhandelten Probleme in neuen Begriffen formulieren: Begründung der Wissenschaften; Begründung der Astronomie als Wissenschaft; Philosophie der Geschichte und der menschlichen Gesellschaften.

III.

Nicht ohne einen Hauch von Verachtung sagt Pomponazzi an einem bestimmten Punkt seiner Darlegung, die Religion sei die Medizin der Seele und bediene sich insofern einer poetischen Sprache: »Daher bin ich geneigt, anzunehmen (und glaube, damit nicht weit von der Wahrheit zu sein), daß Platon die Engel und Dämonen nicht deshalb einführte, weil er ernsthaft an sie glaubte, sonden weil es seine Absicht war, grobe Menschen zu erziehen. Äskulap war der Arzt des menschlichen Körpers, Platon derjenige der menschlichen Seele.« Und ein wenig weiter heißt es: »Die Gewohnheit, in Rätseln, Metaphern und Bildern zu philosophieren, die Platon sehr häufig anwendet, wurde von Aristoteles verurteilt und gänzlich zurückgewiesen. Es erstaunt also nicht, daß Ignoranten und Priester Platon priesen, Aristoteles aber verstießen und diskreditierten.« Es ist wahrscheinlich, daß sich Pomponazzi hier besonders auf Ficino bezieht, der in seiner Schrift *De vita* sich selbst als »Priester« (*sacerdos*) und Schüler des »Seelenarztes« Platon bezeichnet.

Was aber die Astrologie betrifft, so begegnen wir Platon und Ficino, die beide mit Lukrez verbunden sind, in einem merkwürdigen poetischen Text, dem *Zodiacus vitae* (»Sternkreis des Lebens«). Dieses in lateinischen Hexametern verfaßte Gedicht erschien in den Dreißiger Jahren (1534-37), und sein etwas mysteriöser Autor, Marcello Palingenio Stellato (genauer gesagt: Pier Angelo Manzolli della Stellata aus der Nähe von Ferrara), wurde im 18. Jahrhundert sogar mit Ficino identifiziert. Eine solche Identifikation beruht zwar auf reiner Phantasie, ist aber wohl dem Umstand zu verdanken, daß sich Ficino in *De vita* als »Wiedergeborener« (*renatus = Palingenius*) bezeichnet. Zu denken gab auch die tatsächliche Nähe der beiden Autoren hinsichtlich gewisser Themen (Lukrez und die Platoniker) und allgemeiner Tendenzen. Im *Zodiacus vitae* erscheint die Astrologie tatsächlich vor allem als Poesie, und der von Geistern und Göttern bevölkerte Himmel wird zu einem archetypischen Raum höherer Schönheit. Alexandre Koyré nannte es »ein [...] für die Renaissance typisches [...] Gedicht , voller [...] ›platonischer‹ Metaphysik und heidnischer Mythologie [...], das zutiefst von der Erneuerung des ›Platonismus‹ und des Neoplatonismus des 15. Jahrhunderts beeinflußt und in der Art Ficinos gehalten war«. Koyré verleiht Palingenio »den Ehrentitel, die Unendlichkeit des Universums behauptet« zu haben.[25] Die Sterne bestimmen den Rhythmus des Lebens: »Welche Tugend kann man dem Himmel zuschreiben? Gewiß ruht jede Kraft in den Gestirnen; sie beherrschen die ganze Erde und verändern das Gesicht der Natur. Sie sind es, die die Geschöpfe auf der Erde formen und Macht über alle Dinge ausüben.«[26] Unterschieden durch ihre Natur und ihre Positionen, determinieren die Gestirne im Himmel verschiedenartige Konfigurationen: »Im heiteren Himmel strahlen sie von allen Seiten in verehrungswürdigem Licht. Nach ihnen haben die Astronomen mannigfache Figuren erstellt und den weiten Äther mit verschiedenen Zeichen erfüllt«-(*sereno / quae passim coelo veneranda luce refulgent. Ex quibus astronomi varias fecere figuras / et finxere amplum diversis aethera signis*).[27] Der Himmel in seiner Gesamtheit formt das Gesicht der Natur, einer mächtigen Natur, die das gesamte Universum regiert. »Die Natur ist nichts anderes«, so sagt Palingenio, »als das Gesetz, das der Allmächtige Vater und Herrscher erlassen hat. Er hat es am Ursprung der Welt in Kraft gesetzt, und es muß unverletzt überdauern bis an das Ende der Zeiten. Gott hat dieses Gesetz in die Form der Dinge gelegt, so daß diese Form den Dingen ihr Sein gibt: Sie führt die Anordnungen Gottes aus, ohne sich von seinem ursprünglichen Gesetz entfernen zu können. Denn die Formen in ihrer Urgestalt bringen die Dinge hervor, so wie es derjenige festlegte, der sie erschuf.«[28]

Für Spinoza ist der Himmel wahrhaftig »das Gesicht des ganzen Universums«; im Himmel findet sich der archetypische Ursprung jeder Sache (» dort müssen die Samen und die Ursachen aller Dinge angesiedelt sein; die wahrnehmbare Welt muß wie aus einer Quelle aus dieser geistigen Urform hervorgehen, von der sie nur ein unvollkommenes Abbild ist«). Überraschend ist auch Palingenios Tendenz, die Erde und die sublunare Welt im Vergleich zur himmlischen Vollkommenheit unablässig als Bereiche des Schattens und des Bösen herabzusetzen. Das eigentliche – glückselige und vollkommene – Leben, ist einzig dort oben, im unendlichen Raum des Äthers, in den göttlichen Städten. »Der Äther hat seine Bewohner, und die Gestirne sind himmlische Städte, der Wohnort der Götter. Dort oben wohnen Könige und Völker, doch sind es wahre Völker und echte Könige; denn dort wohnen alle wahren Dinge. Im Gegensatz dazu hausen hier unten nur Schatten und

Abbilder der Dinge (*umbra simulacraque rerum*); zudem sind es eitle Abbilder, die von der Zeit zerstört, zersetzt, aufgelöst und vom Tod am Ende vernichtet werden. In den Himmeln wohnen die Glückseligen, die Unsterblichen und die Weisen. Die Unglücklichen, Sterblichen und Verrückten aber bevölkern die Erde. Nur dort oben wohnen Friede, Licht und höchste Freude. Die Erde hingegen, von Dunkelheit bedeckt und geplagt von Schmerzen jeder Art, wird von einem unentwegten Krieg erschüttert.«[29] »Hast du die Stirn, Verrückter«, ruft Palingenio aus, »diesen Stall dem Himmel vorzuziehen (*aude, o demens, stabulum hoc praeponere coelo*)? Denn die Erde ist der Stall der ganzen Welt (*Totius mundi stabulum Terra*).«

Einige (etwa Rosemond Tuve) haben in diesem Zusammenhang sogar von einem beinahe manichäischen Dualismus bei Palingenio gesprochen; unbestreitbar ist jedenfalls die große Bedeutung von Lukrez. Unter platonischem Einfluß hat Palingenio die lukrezische Gegenüberstellung der heiteren »Zwischenwelten« (*intermundia*) und der irdischen Qualen umgestaltet (also keinesfalls bloß mißverstanden, wie dies Frances Yates glaubt).[30] Jedenfalls hält Palingenio am Schicksalsglauben fest: Auf der Weltbühne bleibt das Schicksal beherrschendes Gesetz (»der Natur gefallen jene Unterschiede, die das Welttheater auf verschiedene Weise schmücken«). Er hält auch fest an der Vorstellung eines idealen Himmels und diamantener Welten, die von intelligiblen Geschöpfen durchstreift werden. Palingenios Phantasie, die sich durchaus mit der Einbildungskraft eines Ariost messen kann[31], bevölkert die Städte des Himmels mit Fabelwesen und imaginiert ein farbenfrohes Märchen, dessen Akteure himmlische Bilder sind. Vor allem aber ist es ein großes poetisches Fresko, dessen Bedeutung eher auf moralischem, denn auf metaphysischem Gebiete liegt und sich am Ende freilich auflöst in einen Traum. Man ist hier meilenweit entfernt von jenen biederen Berufsastrologen, die Horoskope erstellen; was man in den Himmeln des *Zodiacus vitae* bewundern kann, sind die fabulösen Flugkünste der Astolfi und geflügelter Pferde.

Die letzte Blüte der Renaissance wird aber nicht bloß kühne Phantasiegebilde und Gemälde, sondern auch eine Kunst des Gedächtnisses und die Konstruktion sogenannter »Gedächtnistheater« inspirieren (etwa durch Giulio Camillo Delminio); zur gleichen Zeit entstehen auch Entwürfe moralischer und religiöser Reform (etwa Giordano Brunos *De umbris idearum* oder seine *Spaccio della bestia triofante*).

Giulio Camillo Delminio, der von Ariost besungen wurde, hat aus mancherlei Gründen in jüngster Zeit besonderes Interesse erfahren: François Secret untersuchte den Kabbalisten Camillo; Bernard Weinberg und Paola Barocchi erforschten seine Nachahmungs- und Rhetoriktheorie (und schritten zur Wiederveröffentlichung entsprechender Texte); Frances Yates schenkte Camillos »Gedächtniskunst« besondere Aufmerksamkeit. Freilich kann die methodische Konstruktion eines »Gedächtnistheaters« nicht auf bloße Mnemotechnik reduziert werden: Die Gedächtnisfunktion basiert nach Camillo nicht nur auf imaginativen Verbindungen, sondern auf verschiedenen ontologischen Wirklichkeitsebenen bzw. – strukturen. Die »Orte« und »Bilder« im Gedächtnis beziehen ihre Wirksamkeit aus okkulten, in ihrer jeweiligen Authentizität erfaßten Entsprechungen. Aus diesem Grunde bezieht sich Camillo in seinem *Discorso* an Trifon Gabriele auf Avicennas These, daß die Kraft der Seele »die Dinge verändern kann«, sobald sie »von einer großen Zuneigung getragen wird«. Bei Camillo sind die Verbindungen zwischen den Wirklichkeitsebenen – also zwischen Zeichen und Bezeichnetem – okkulte Potenzen und wirkmächtige Kräfte; wie die Symbole der Talismane besitzen astrologische Bilder praktische Wirksamkeit, d.h. die Fähigkeit, etwas hervorzurufen. Gerade weil es fundamentale Energien kondensiert, setzt ein astrologisches Zeichen einen ganzen Ablauf von psychischen und physischen Beziehungen in Gang. Camillos »Theater« ist also nicht nur ein Traktat über Topik oder Mnemotechnik, sondern gleichzeitig auch eine magische, astrologische und metaphysische Kompilation, wo es etwa heißt: »Wegen der Würde des Menschen, dem die unteren Dinge gehorchen, verändert eine große Affektion« – also eine geistige Spannung – »nicht nur den Körper, sondern auch jene Dinge, über die sich dieser bewegt [...].« Doch es ist entscheidend, den jeweiligen Code – das System der Zeichen – zu definieren. Für Camillo handelt es sich vor allem um himmlische Zeichen. »Wurden diese erst einmal in einer organischen Ordnung erfaßt und dem Gedächtnis mit ihren Bildern und Symbolen eingespeichert, dann kann der Geist diese himmlische Zwischenwelt gleichsam in beide Richtungen öffnen. Nach oben hin, zur überhimmlischen Welt der Ideen, der Sephirot und der Engel: der Geist kann sich Zutritt verschaffen zum Weisheitstempel Salomos; und nach unten hin: zur unterhimmlischen oder elementaren Welt, deren Einteilung und Ordnung den Stufen des Theaters entspricht [...] und die in Harmonie mit den Einflüssen der Gestirne steht.« Gelingt es der Seele, sich durch Bilder – mittels der in ihnen gespeicherten Kräfte – mit dem himmlischen »Regulator« in Einklang zu setzen, so ist es ihr auch möglich, alle Gliederungen der Wirklichkeit zu durchdringen: Auf sämtlichen Ebenen wird ihr der gelehrte Gebrauch des großen »Universalkalkulators« Zugang verschaffen zu den Geheimnissen der »Weltmaschine«, der *machina mundi*. »Dieses ›Theater‹«, so meint Frances Yates, »ist eine Vision der Welt von oben; es entspringt einer Anschauung, die aus Sternen selbst, ja sogar aus der überhimmlischen Weisheitsquelle jenseits der Sterne gewonnen wird.« Das Theater Camillos ist – wie die *figura mundi* Ficinos – ein Instrument, um sich die Fülle der in magisch-astrologischen Bildern aufbewahrten Kräfte zunutze zu machen.[32]

Sobald die astrologischen Bilder sich allerdings in Gedächtnistechniken und Zeichensysteme verwandeln, die geeignet sind, »Maschinen« zur Organisation des Gedächtnisses zu konstruieren, werden sie einem Prozess der Entmythologisierung unterworfen. Besonders Giordano Bruno scheint sich in dieser Richtung zu bewegen. Seine Bemühungen, so meint Yates, »können nicht einfach als Vorwegnahme des Elektronengehirns gedeutet werden. Aus dem hermetischen Universum, in dem Bruno lebte, war das Göttliche noch nicht verbannt«. Frances Yates hat recht: der Einfluß des Hermetismus ist bei Bruno immer noch sehr lebendig; doch gleichzeitig hat er sich bereits tiefgreifend verändert.[33] Um die »Räder« zu konstruieren, bedient sich *De umbris idearum* der »Dekanbilder«; doch im Namen der Funktionalität mnemotechnischer Systeme werden sie ihres funktionellen Charakters entkleidet. Zwar hat Bruno, als er ganze Seiten von Cornelius Agrippa abschrieb, auch dessen geheimnisvolle Aura übernommen. Er verwendet also in der Tat hermetische und magisch-astrologische Quellen; ohne diesen ständigen Bezug wäre sein Werk unverständlich. Doch er orientiert sich nicht mehr an Albumasar, sondern an Kopernikus. Es ist bekannt, daß auch bei Kopernikus hermetische Anklänge vorhanden sind, aber ihre Bedeutung ist eine ganz andere.[34] Im *Spaccio della bestia trionfante* gilt die Klage des Hermes dem »Auf und Ab«, dem fatalen Untergang aller Religionen – ein Echo auf Tycho Brahes *De nova stella* (»Vom neuen Stern«), aber auch der Auseinandersetzungen um die großen Konjunktionen des Jahres 1583, bei der Saturn und Jupiter im Widder standen. Gleichzeitig spürt man bei Bruno aber die Entschlossenheit, jedes außergewöhnliche Geschehen in den Rhythmus einer natürlichen Ordnung einzubinden, d.h. auf Naturgesetze zurückzuführen. Selbst wenn

17 Albrecht Dürers »Melancholie« (1514)

Bruno die Ägypter preist, hat er doch das der Natur innewohnende Göttliche im Sinn (»wie die Weisen wissen, stiegen die Ägypter mittels äußerer Naturformen von lebenden Tieren und Pflanzen auf zur Gottheit und drangen in diese ein [...]«). Im Namen der Einheit der Natur, d.h. einer Immanenz der göttlichen Einheit *in* der Natur, beklagt Bruno, daß der Himmel, »in so viele verschiedene Sphären geteilt ist und sodann in 48 Bildern sich unterscheidet«; er verurteilt nicht nur die Einbildung »törichter Mathematiker«, sondern das Wunderbare (*il miracoloso*) als solches. Nicht, weil er die Sonne an den Platz der Erde gestellt hat, gilt Kopernikus ihm als ein Befreier, sondern eher, weil durch ihn die Himmelssphäre der *stolti matematici* ruiniert wurde. »Der Tag ist gekommen«, so heißt es in *De immenso*, »da diese Gestirne und Sphären zerstört und auf ein Nichts reduziert wurden [...]« (*dies illa illuxit, quae ea sidera, et orbes / sustulit, inque suum nihilum* [...] *resolvit*). Der Hermetismus, die Magie und die Astrologie waren in Brunos Denken zweifellos präsent. Doch die große befreiende Erfahrung des Kopernikus war für ihn entscheidender: Wie Kepler bemerkt, stand am Ende des Weges kein geringerer als Galileo. Bei Bruno ist die Polemik über die Astrologie bereits von den fortgeschrittenen kritischen Themen gefärbt, die zur Definition einer neuen Wissenschaft und einer tiefgreifenden moralischen Reform führen werden: zur »Austreibung der triumphierenden Bestie«.

Gleichwohl sollte die Astrologie nicht einfach verschwinden; sie war an Auffassungen der Wirklichkeit gebunden, die in der Kultur der Neuzeit nicht sofort verschwanden. Doch die Polemik der Renaissance hatte insofern einen entscheidenden Beitrag für die Bewußtwerdung neuer wissenschaftlicher Methoden und Grundlagen geleistet, als sie eine schärfere Trennung zwischen den verschiedenen Bereichen, Ebenen und Werkzeugen der Forschung vollzog: es wurde nun unterschieden zwischen der rationalen Strenge der »Wissenschaften« einerseits und andererseits den »Idealitäten«, poetischen Visionen, Erwartungen, Hoffnungen und Glaubensvorstellungen der Menschen (mitsamt jenen Auswirkungen, die diese für das Leben hatten). Ohne die Faszination der Träume und die Wirksamkeit der Mythen zu verkennen, darf man wohl sagen: Hier hatte sich den Menschen der Renaissance endlich der Weg kritischer Reflexion und historischer Forschung eröffnet.

Anmerkungen

Einleitung

1 Vgl. auch das postum veröffentlichte Werk Cumonts, *Lux perpetua*, Paris 1949, v.a. S. 303-342, 417-418. Bezüglich der astrologischen Handschriften vgl. über den erwähnten *Catalogus*, 12 Bde. Brüssel, Bd. 12, 1898-1953, hinaus, auch die von Boll präsentierten u. von Saxl und G. Bing herausgegebenen (und z. T. edierten) Bände: *Verzeichnis astrologischer und mythologischer Handschriften des lateinischen Mittelalters*. Die ersten beiden Bände wurden von der Akademie Heidelberg, 1915-27 herausgegeben; die Publikation ging dann an das Warburg-Institut in London über, 1953-66. Hingewiesen sei grundsätzlich auf W. Gundel und H. G. Gundel, »Astrologumena. Die astrologische Literatur in der Antike und ihre Geschichte«, in *Sudhoffs Archiv, Beihefte*, 6, Wiesbaden, 1966; F. H. Cramer, »Astrology in Roman Law and Politics«, *Memoirs of the American Philosophical Society*, 37, Philadelphia, 1954.

2 George Sarton, *Ancient Science and Modern Civilization*, New York, 1959, S. 61ff.; Lynn Thorndike. *The True Place of Astrology in the History of Magic and Experimental Science*, 8 Bde, 1923-1958.

3 J. Kepler, »De stella nova«, VIII, in *Gesammelte Werke*, hg. v. Max Caspar, München, 1958, Bd. I, S. 184-186.

4 Das Thema der Zwiespältigkeit der astrologischen Bilder und die

»Errettung Athens von Alexandria« wurde von Gertrud Bing in ihrer Darstellung von Aby Warburg unterstrichen. (Bings Aufsatz erschien in redigierter Form in der Einleitung zur italienischen Fassung von Warburgs Buch: *Die Erneuerung der heidnischen Antike. Kulturwissenschaftliche Beiträge zur Geschichte der europäischen Renaissance*, 2 Bde., Leipzig 1932 = Warburg, *La rinascita del paganesimo antico. Contributi alla storia della cultura raccolti da G. Bing*, Florenz, 1966, p. XXXI). Zu Aby Warburg vgl. Kurt W. Forster, »Aby Warburg's History of Art: Collective Memory and the Social Meditation of Images«, in *Daedalus*, Winter 1976, S. 169-176; (zu E. Gombrich, *Aby Warburg. An Intellectual Biography*, London, 1970).

5 Ernst Mach, *Die Mechanik in ihrer Entwicklung*, Leipzig 1912, S. 442-443.

Erstes Kapitel

1 Vgl. insbes. E. Cassirer, *Individuum und Kosmos in der Philosophie der Renaissance*, Leipzig 1927, S. 104ff.; A. Warburg, »Die Erneuerung der heidnischen Antike«, II, S. 459ff. u. S. 490ff, in *Gesammelte Schriften*, 2 Bde., Leipzig-Berlin 1932; Warburg neigt in seinem bekannten Essay aus dem Jahre 1920 (a.a.O., S. 92) dazu, bezüglich der »divinatorischen« Astrologie zwischen Deutschland und Italien zu unterscheiden. Er meint, die astrologische Antike habe in Deutschland eine besondere, bislang noch nicht genügend erforschte Wiedergeburt erlebt: Die Sternzeichen, die in der divinatorischen Literatur überlebt haben – vor allem die sieben Planeten mit ihrer anthropomorphen Gestalt – beziehen aus einer Epoche der sozialen und politischen Kämpfe neue Kraft und werden gewissermaßen zu Gottheiten dieses politischen Augenblicks. In Italien herrsche, nach Warburg, die »neu künstlerisch-ästhetische Auffasung« der Antike mit den griechischen und römischen Göttern vor, die vor allem künstlerische Schöpfungen und Darstellungen von Schönheit (»künstlerische Er-

scheinungen«) seien, während in Deutschland, im Klima der Reformation die Voraussagen dominierten. (Was diesen spezifischen Punkt betrifft, ist der Essay von D. Cantimori ausschlaggebend: »Note su alcuni aspetti della propaganda religiosa nell'Europa del Cinquecento«, in D. Cantimori, *Umanesimo e religione nel Rinascimento*, Turin 1975, S. 164-181, auf den auch hinsichtlich der Genese dieser Art von Forschung und bibliographischer Angaben verwiesen sei). Warburgs Hypothese, die davon ausgeht, daß »man die Figuren des heidnischen Olymp, die in der frühen Renaissance wiederauferstehen, nicht als bloße Phänomene der Kunst interpretieren muß, sondern als religiöse Wesen, und sie als solche zu studieren hat«, besitzt auch jenseits des deutschen Bereichs und der reformatorischen Atmosphäre Gültigkeit. »Der heidnische Augur« – wie er ihn nannte – tauchte auch anderswo unter dem Deckmantel wissenschaftlicher Bildung auf. Die Annahme, die »religiöse« Astrologie durch einen klaren Schnitt von der »mathematischen« trennen zu können, ist unfruchtbar und unhaltbar.

2 Ptolemäus, »Tetrabiblos«, I,1 (hg. von F. Boll u. A. Boer in *Opera omnia III, 1*, Leipzig 1940). Isidor von Sevilla, (*Etym.*, III, 27, ed. Lindsay) sagt: »Zwischen der Astronomie und der Astrologie gibt es nämlich einen Unterschied. Die Astronomie beinhaltet die Untersuchung der Revolutionen (Umdrehungen) des Himmels, Aufgang, Untergang und Bewegung der Gestirne oder der Gründe, aus denen sie ihren Namen erhalten haben. Die Astrologie ist teils den Naturgesetzen, teils dem Aberglauben zugetan. Natürlich ist sie, insofern sie den Lauf von Sonne und Mond sowie bestimmte Stationen der Sterne zu bestimmten Zeiten verfolgt. Abergläubisch jedoch ist jene, welche die Mathematiker praktizieren, die in den Sternen lesen und die soweit gehen, die zwölf Zeichen am Himmel den einzelnen Teilen der Seele und des Körpers zuzuordnen, und versuchen, über den Lauf der Gestirne die Nativitäten und Sitten der Menschen vorherzusagen« (Inter Astronomiam autem et Astrologiam aliquid differt. Nam Astronomia caeli conversionem, ortus, obitus motusque siderum continet vel qua ex causa ita vocentur. Astrologia vero partim naturalis, partim

superstitiosa est. Naturalis, dum exequitur solis et lunae cursus, vel stellarum certas temporum stationes. Superstitiosa vero est illa quam mathematici sequuntur, qui in stellis augriantur, quique etiam duodecim caeli signa per singula animae vel corporis membra disponunt, siderumque cursu nativitates hominum et mores praedicare conantur). Für die Verbindung mit der Magie im allgemeinen und allen »prophetischen« Künsten, vgl. a. a. O. *Etym.*, VIII; 9. Diese Unterscheidung wird später in der mittelalterlichen Literatur zum »Topos«. Bezüglich der orientalischen Welt, doch mit umfassenden allgemeinen Informationen sowie einer reichhaltigen Bibliographie, siehe C. A. Nallino, *Raccolte di scritti editi e inediti, Bd. V, Astrologia, astronomia, geografia*, Istituto per L'Oriente, Rom 1944, S. 1-87. Im *Speculum astronomiae*, das im allgemeinen Albertus Magnus zugeschrieben wird (von einigen allerdings Roger Bacon) fällt sofort (Kap. 1-3) die Unterscheidung: »in eine theoretische und in eine praktische« (in theoricam scilicet e practicam), auf: »Es gibt zwei Arten von großem Wissen, die beide mit dem Namen ›Astronomie‹ bezeichnet werden, deren eine die Wissenschaft der Gestalt des ersten Himmels ist etc. [...] Das zweite Wissen, das ebenfalls ›Astronomie‹ genannt wird, ist die Wissenschaft der Urteile der Sterne, welche das natürliche Bindeglied zwischen der Philosophie und der Mathematik darstellt [...].« (Duae sunt magnae sapientiae, et utraque nomine astronomiae censetur: quarum prima est in scientia figurae coeli primi etc [...]. Secunda magna sapientia, quae similiter astronimia dicitur, est scientia judiciorum astrorum, quae est ligamentum naturalis philosophiae et mathematicae [...]). Für weitere Hinweise mit ausführlichen Verweisen auf das Werk Roger Bacons, vgl. I. Agrimi u. C. Crisciani, »Albumazar nell'astrologia di Ruggero Bacone«, in *Acme*, 25, 1972, S. 315-338.

3 Ibn Khaldun, *Discours sur l'histoire universelle* = al-Muqaddima (Prolegomena), i. d. Übers. v. Vincent Monteil, Commission Libanaise pour la traduction des chefs-d'oeuvres, Beirut 1968, III, S. 1184ff.

4 E. Cassirer, *a.a.O.*, S. 136.

5 A. Warburg, *Die Erneuerung*..., II, S. 499-500.

6 Pomponatii, »De naturalium effectuum causis sive de incantationibus«, Kap. XII, in *Opera*, Basileae, 1567, S. 266-267: »Einige schreiben heutzutage in wohlgesetzten Worten gegen die Astrologen und begehen den gleichen Fehler wie Averroes; entweder verstehen sie die Astrologien nicht oder, wenn sie sie verstehen, täuschen sie sich tiefgreifend. Mit Sicherheit sehe ich aber in ihren Büchern nichts als Überheblichkeit und Unverschämtheit und außer der stilistischen Eleganz kann ich nichts Gutes erkennen. Viele meinen, daß die Sätze nicht von ihnen stammten, sondern lediglich die sprachlichen Verzierungen« (quidam recentes multis verbis ornatis intersecantes Astrologos eodem peccato laborant, quo et Averrois; aut enim Astrologos non intelligunt, aut si intelligunt graviter errant, et certe in illis suis libris non video nisi arrogantiam et petulantiam, et praeter ornatum nihil boni conteneri, quanquam aliqui referant sententiam non esse suam, sed tantum ornatum apposuisse). Auf dem Rand der Ausgabe, die von Gratarol für Perna veranstaltet wurde, ist angemerkt: »Gegen Pico della Mirandola« (Contra Picum Mirandulanum), wollte Pomponazzi, wie allgemein angenommen, die *Disputationes* von Pico angreifen, indem er ihn des Plagiats (möglicherweise an Savonarola) bezichtigte, oder wollte er in erster Linie den Neffen Picos, Gianfrancesco Pico, wegen dessen zahlreicher Schriften gegen die »naturalistischen« Theorien der Vorhersage treffen? (Gianfrancesco war auch Pomponazzis direkter Feind in der Frage über die Unsterblichkeit). Es scheint außer Zweifel zu stehen, daß das apologetische Werk von Gianfrancesco Pico della Mirandola durch die Wiederaufnahme der Gedanken des Sextus Empiricus die Diskussion über die Astrologie aufflammen und erbittert werden ließ.

7 *Sympathiam attractioni et gravitati substituit...* G. M. Bose, Ex Officina Schlomachiana, Wittenberg. (1757), S. XI. In einer Anmerkung bezieht sich Bose auf das berühmte Werk von Albohazen Haly, filius Abenragel, *De iudiciis*, Impr. per Bernardinum de Vitalibus, Venetiis 1523, das jedoch bereits 1485 und 1503 erschien, und in der ersten Hälfte des 11. Jahrhunderts geschrieben, von

Alfons v. Kastilien aus dem Arabischen ins Kastilische, später, um 1256, ins Lateinische übersetzt wurde.

8 Bonaventura Cavalieri an Evangelista Torricelli (14. Juli 1642) in *Discepoli di Galileo.* Carteggi, Bd. I, hg. von P. Galluzzi u. M. Torrini, Florenz, 1976, S. 18.

9 Petrarca, »Rerum senilium«, I, 6 [7], in *Opera omnia*, S. Henricpetri, Basileae. 1581, S. 747-745 (mit einigen Veränderungen wurde die Fassung von G. Fracassetti, Le Monnier, Florenz 1892, Bd. I, S. 59-67 verwandt.) Vgl. auch »Rer. sen.« III, 1 (an Boccaccio) in *Opera*, S. 765-772 (in der Übers. v. Fracassetti, I. S. 133-157). Die Behandlung durch Thorndike in *A History*... III, S. 213-223 ist äußerlich und vertieft weder das Problem der Entwicklung von Petrarcas Denken noch die Abstufung seiner Themen und Akzentsetzungen.

10 J. Kepler, De stella nova in pede Serpentarii..., VIII, in *Gesammelte Werke* hg. von Max Caspar, Bd. I, München, 1938, S. 184-194; *Harmonice mundi*, IV, 7; u. V, 10, (in *Gesammelte Werke*, Bd. VI, München 1940, S. 266-267 u. 366). Für die hier erwähnten Fragen vgl. den ausführlichen Essay von S. Tangherlini, »Temi platonici e pitagorici nell'›Harmonice mundi‹ di Keplero«, in *Rinascimento*, XIV, 1974, S. 117-178.

11 Galilei, *Opere*, Neuausgabe von Favaro, Florenz 1968, Bd. V., S. 302-305. Zur kabbalistischen Theorie des Lichts, vgl. S. G. Scholem, *Les origines de la Kabbale*, in d. Übers. von J. Loewenson, Paris, 1966, S. 354ff. (Vgl. auch in der Auswahl des Zohar, ebenfalls von Scholem herausgegeben, New York, 1966, S. 29ff. und schließlich Scholem, *La Kabbale et sa symbolique*, Übers. v. J. Boesse, Paris, 1975, S. 128ff). Zur kabbalistischen »Mode« in der zweiten Hälfte des 16. Jahrhunderts in Florenz, von der Accademia fiorentina bis zu den Abbildungen kabbalistischer Symbole im Palazzo Vecchio, siehe E. Garin, *Rinascite e rivoluzioni*, Bari, 1975, S. 43-47.

12 Pietro d'Abano, *Lucidator*, Parisiensis lat. 2598, fol. 119 ra.

13 Einige der Texte von Pomponazzi verdanke ich den Abschriften von Franco Graiff, der eine Dissertation (bei Paola Zambelli) an der Universität von Florenz vorgelegt hat.

14 Eine Reihe wichtiger Hinweise zu diesem Thema und die entsprechenden bibliographischen Angaben findet man in der Einleitung von M.-Th. D'Alverny u. F. Hudry zu dem von ihnen herausgegebenen Werk: »De radiis« von Al-Kindi, in *Archives d'histoire doctrinale et littéraire du Moyen-Age*, Paris, 1975, S. 139-260. Es ist wohl kaum nötig zu erwähnen, daß die »Tänze« der Gestirne auf den Timaios, 40c und den Kommentar von Proklos, (hg. von Diehl, Leipzig, 1906, III, S. 151), zurückgehen: »Die Verdunkelungen und das Wiedererscheinen der Gestirne, die zu ganz bestimmten Zeiten stattfinden, zeigen die Erneuerung [apokatastaseis] des Kosmos und den Beginn neuer Zyklen an. Durch diese Erscheinungen wandeln und bewegen sich die weltlichen Dinge [...]. Platon sagt, daß die Konfigurationen und Bewegungen der Himmelskörper Schrecken verursachen und für denjenigen, der in der Lage ist, Berechnungen anzustellen, Zeichen für das Eintreffen von Ereignissen darstellen. Dies läßt erkennen, daß derartige Erscheinungen Zeichen sind, wie klar ersichtlich ist, und zwar Zeichen, die gewisse Ereignisse anzuzeigen in der Lage sind.« Über die »Zeichen« des Himmels schreibt auch Plotin sehr eindringlich (*Aen.* II, 3, 7, hg. von Henry-Schwyzer, 1964): »Die Gestirne sind wie Buchstaben, die sich in jedem Moment in den Himmel einschreiben oder vielmehr ein für allemal eingeschrieben sind und sich selbst bewegen [...]. Alles in der Welt ist voller Zeichen [...]. Alle Ereignisse sind koordiniert [...]. Daher finden wir im Flug der Vögel oder anderen Tieren Zeichen für Zukünftiges. Alle Dinge hängen voneinander ab; und wie so schön gesagt wurde, ›alles konspiriert‹ [sympnoia mia].« Bezüglich der Fragen von »Wiedergeburt« und »Erneuerung« weisen wir im Text u. a. auf das monumentale Werk von Karl Burdach hin, *Vom Mittelalter zur Reformation*, Berlin, 1913-1939.

15 Pseudo-Ovidius, *De vetula*, Untersuchungen und Text von Paul Kopsch, Leiden und Köln, 1967, S. 271; Verse S. 590ff. aus dem dritten Buch. Bemerkenswert ist die Verbindung von Astrologie und Erkenntnis eines feststehenden Naturgesetzes (I, 205: »Wir setzen ein feststehendes Naturgesetz voraus...« (legem naturae fixam ponamus) mit der Glückseligkeit des Wissenden. Das be-

kannte Epigramm von Ptolemäus, in dem er die irdische Natur des Menschen in ihrer Vergänglichkeit seinem Aufstieg zu Zeus durch Betrachtung und Messung der himmlischen Bewegungen gegenüberstellt, bezieht sich ebenfalls auf die Astronomie. (siehe F. Boll, *Vita contemplativa...*, Sitzungsberichte der Heidelberger Akademie der Wissenschaften, Philos.-hist. Klasse, 1920, 8. Abhandl., S. 34. Anm 15.)

16 In *De causa Dei*, I, 1 coroll. pars 35 (*Opera... Henrici Savilii*, ex officina Nortoniana apud Ioannem Billium, 1618, S. 73-74), weist Bradwardine bezüglich der Theorie der »großen Konjunktionen dieser Art« (de hujusmodi magnis conjuctionibus) die besondere Vorstellung der Geburt Christi dem Pseudo-Ovidius, *De vetula* zu und umschreibt in extenso die Verse 611-644 des dritten Buches – dies als Einführung zu der hochinteressanten vergleichenden Analyse der astrologischen Konfigurationen der Jungfrau.

17 *De vetula* III, 227-232 u. 363-364 (S. 258 u. 263).

18 G. Bruno, *Spaccio della bestia trionfante*, III, *Dialoghi italiani*, hg. von Gentile-Aquilecchia, Florenz, 1958, S. 784-786; (dt. Kuhlenbeck, Leipzig 1890). Es handelt sich um die berühmte hermetische Apokalypse des *Asclepius*, 24 (*Corpus Hermeticum*, hg. von A. D. Nock/ A. J. Festugière, II, *Les Belles Lettres*, Paris, 1945, S. 326ff.), eine Wiederaufnahme von Augustinus, *De civitate Dei*, VIII, 26 (und über Augustinus später weit verbreitet). Andererseits ist Ägypten das »Bild des Himmels« (imago caeli) u. der »Tempel des gesamten Universums« (mundi totius templum); die Geschehnisse in Ägypten spiegeln einen kosmischen Rhythmus wider. Der Versuch einer Übertragung der astrologischen Thematik des *Liber Hermetis* (das von Gundel gefunden und 1936 herausgegeben wurde) in streng anthropologische Begriffe, den Franz Cumont (*L'Egypte des astrologues*, Fondation Egyptologique Reine Elisabeth, Brüssel, 1937) unternahm, hat nicht nur im historiographischen Bereich eine besondere Prägung. Es handelt sich um eine theoretische Untersuchung von außerordentlicher Bedeutung.

19 Über den Tod des Hermes und das *Liber Alcidi*, siehe E. Garin, »Una fonte ermetica poco nota«, La Rinascita, III, 1940, S. 202ff.

(*Corpus Hermeticum*, IV, 1954, S. 146), und *Studi sul platonismo medievale*, Florenz, 1958, S. 89-145. Über Tod und Auferstehung von Staatswesen schreibt Cincius Romanus: »Die Staaten altern und sterben wie die Menschen; obwohl es jedoch möglich ist, daß Städte durch Alter verfallen oder sterben, können sich die Werke des Menschen verjüngen und zu neuem Leben erweckt werden« – (civitates senescunt an moriuntur veluti homines, tamen fieri potest ut aut confecte senio civitates aut mortue, opera hominum vel revirescant vel in vitam revertantur). »Ricerche sulle traduzioni di Platone ...«, in *Medioevo e Rinascimento. Studi in onore di Bruno Nardi*, Florenz, 1955, Bd. I, S. 369-370. Zu Plethon vgl. *Rinascite e rivoluzioni*, a.a.O. , S. 113-120.

20 Ibn Khaldun, *Discours*..., II, a.a.O., S. 745.

21 R. Lemay, *Abu Ma'shar and Latin Aristotelianism in Twelfth Century*, Beirut, 1962. Die astrologischen Texte und die dort zitierten Autoren betreffend, sei mir gestattet, neben dem oben erwähnten Werk von Nallino, auch auf meinen Kommentar zu den *Disputationes* von Pico della Mirandola, 2 Bde, Florenz, 1946-52 hinzuweisen. Zur Verbreitung der Schriften von Albumasar in der byzantinischen Welt vgl. *Albumasaris de revolutionibus nativitatum edidit* David Pingree, in *Aedibus*, Leipzig, 1968 (Pingree hat die kritische Edition der griechischen Version besorgt.) Zu den Quellen siehe Boll, *Sphaera. Neue Griechische Texte und Untersuchungen zur Geschichte der Sternbilder*, Leipzig, 1903. O. Neugebauer, *Le scienze esatte nell'Antichità*, ins Ital. übers. v. A. Carugo, Mailand, 1974, S. 204ff. (Engl.: *The Exact Sciences in Antiquity*, Kopenhagen, 1951) bemerkt, daß Bolls Äußerungen zu den »Übersetzungen« des Werkes v. Albumasar mit Vorsicht zu genießen seien.

22 B.L. Ullman u. Ph. A. Stadter, *The Public Library of Renaissance Florence. Niccolò Niccoli, Cosimo de'Medici, and the Library of San Marco*, Padua, 1972, S. 208-209 (Nr. 737 enthält, neben dem *Introductorium Albumasaris*, den *Tetrabiblos* von Ptolemäus sowie *Homar Thyberiadis de nativitatibus* und *Alphagranus in scientia astrorum et radicibus motuum coelestium* ..., Messahallah usw., nunmehr in Florenz, Biblioteca Nazionale, Conv. Soppr. J,

II, 10). Siehe jedoch auch die astrologische Anthologie (jetzt: Laurenziana, Florenz), S. 212, mit den *Flores Albumasar*, während ein *Albumasar de revolutione annorum mundi*, ebda. S. 211, Nr. 755) nicht gefunden werden konnte.

23 Ibn Khaldun, *a.a.O.*, II, S. 689ff.; bezüglich der anderen Autoren vgl. den zitierten Kommentar zu Pico, I, S. 636ff.

24 Für die genannten Autoren, vgl. neben dem zitierten Kommentar zu den *Disputationes* von Pico (der ausführliche Hinweise enthält) von Pierre d'Ailly besonders auch *Concordantia astronomie cum theologia*, Augsburg, 1490, mit anderen Schriften (der oben zitierte Text ist im *Vigintiloquium*, verb. 5 zu finden; s. dazu Thorndike, *A History of Magic and Experimental Science*, Bd. IV, New York, 1934, S. 105.) Bezüglich des *De Concordia astronomicae veritatis et narrationis historicae* (oder *Concordantia astronomiae cum historica narratione*) schreibt Kepler (*De stella nova*, 29, S. 326): »Die offensichtlichen Auswirkungen [...] der großen Konjunktionen auf die Menschen und ihre Gesellschaften [...] sind deutlich erkennbar [...], übrigens stimmen auch viele besondere historische Ereignisse mit den Momenten der Konjunktionen überein, was den Kardinal Pierre d'Ailly dazu veranlaßte, die Geschichte und die Perioden der Religionen mit der Astronomie zu vergleichen [...]« – (quod homines attinet et eorum congregationes [...] conjunctionum magnarum [...] evidentes videre licet effectus [...] etsi etiam ad articulos conjunctionem multa specialia sese accommodant ex historiis, quae Petro de Aliaco Cardinali dederunt occasionem comparandi historias et religionum periodos com Astronomia [...]). Pierre d'Ailly – wie auch Roger Bacon – kannte das Werk *De vetula* gut, leugnet aber in der Diskussion um die Nativität Christi dessen Authentizität (»De legibus et sectis«,4): »Dies ist nicht von Ovid, sondern von jemandem der lange nach Christi Ankunft [...] lebte, geschrieben und in einer Übereifrigkeit des Glaubens dem Ovid zugeschrieben worden, als wäre das Gesetz Christi von diesem vorhersehbar gewesen« – (non ab Ovidio sed ab alio longe post adventum Christi [...] conscriptum et in adulatione fidei quasi lex Christi ab Ovidio fuisset praevisa eidem [...] attributum). In der Schrift

De vetula, III, 522ff. (S. 269), kann man folgendes lesen: »Jupiter bezeichnet den Glauben und die Religion [...]; wenn Jupiter mit Saturn konjugiert [...] den Jüdischen Glauben [...]; wenn mit Mars, so wird der chaldäische Glaube angenommen, in welchem das Feuer angebetet wird, was mit der Bedeutung von Mars übereinstimmt; wenn aber die Konjunktion mit der Sonne stattfindet, so folgt, daß die himmlische Streitmacht angebetet wird, deren Führer die Sonne ist; wenn er aber mit Venus konjugiert, dann ist es unser gegenwärtiger Glaube« – (Significare fidem Iovis est et religionem [...] / Si complectatur Saturno Jupiter [...] / Iudea fides [...] / Si Marti, Chaldea fides credetur, apud quam /ignis adoratur, cui significatio Martis concordat; sed si Soli, sequitur quod adorent/militiam celi, cuius princeps quoque Sol est; / si Veneri, iam nostra fides [...]). Hier folgt dann die Darstellung der astrologischen »Bilder« der Jungfrau und der Verkündigung Christi (III, 613ff., S. 272): »Dies bedeutete, daß nach dem sechsten Jahr ein Prophet von einer Jungfrau ohne Verbindung mit einem Manne geboren werden sollte [...]; das Bild des genannten Propheten ist dort enthalten, wenn auch in Form eines Rätsels; denn in diesen Bildern, die von den Weisen Indiens, Babyloniens und Chaldäas beschrieben wurden, ist den alten Schriften zufolge gesagt, daß die ersten Zeichen im Aspekt der Jungfrau erscheinen, einer schönen Jungfrau mit langem Haar [...], in ihren Händen hält sie Ähren [...], sie nährt einen Knaben [...]. Ein gewisser Stamm wird den Knaben ›Jesus‹ nennen« – (significavit/post annum sextum nasci debere prophetam/absque maris coitu de vergine [...] / [...] dictique prophete/typus habetur ibi, quamvis sub enigmate; namque / hiis in imaginibus, que describuntur ab Indis/et Chaldeorum sapientibus ac Babilonis, / dicitur ex verterum scriptis ascendere prima/virginis in facie; prolixi virgo capilli/munda quidem [...] / et in ipsius monibus sunt/ spice [...] / [...] puerunque nutrit [...] / [...]. Puerunque Iesum vocat ipsum/gens quedam). Bezüglich der »Konjunktionen« und der Ankunft des »wahren« Messias vgl. v. Abraham bar Hiia, *Llibre revelador*, i. d. Übers. aus d. Hebräischen v. J. Millás i Vallicrosa, Barcelona, 1929, ein Werk, das in lat. Sprache große

Verbreitung fand. Zur sogenannten »christlichen Astrologie« ist die ausführliche Abhandlung v. Pierre Duhem, *Le système du monde*, VIII, Paris 1958, S. 347-442, einzusehen, auch wenn seine Thesen nicht immer überzeugend sind (so z. B. S. 375, wo er schreibt, daß die Haltung von Roger Bacon ähnlich, ja sogar »identisch« mit der des Thomas v. Aquin sei und auf den gleichen »Quellen« basiere: (pour soutenir les mêmes thèses [...] les mêmes autorités profanes et sacrées et, bien souvent, dans les mêmes termes). Gleichfalls bedeutsam ist der von D. Vossius übersetzte Text des Maimonides (*De idiolatria liber*), den G. J. Vossius zusammen mit d. hebräischen Original (Frankfurt 1668) veröffentlicht: »Zu den Zeiten Enochs täuschten sich die Menschen sehr ... sie sagten, da Gott Sterne und die Sphären erschaffen und dort oben hingesetzt habe [...] und sich ihrer als Diener bediente, täten wir recht daran, sie zu lobpreisen und anzubeten« – (Temporibus Enos gravissime homines errarunt- [...]. Quandoquidem, inquiebant, Deus creavit stellas ac sphaeras istas ad regendum mundum easque in sublimi posuit [...] et illis ministris utitur, merito profecto laudemus eas, atque extollamus [...]).

25 Zu Johann von Eschenden und seiner *Summa*, das entspr. Kapitel von Lynn Thorndike in *A History...*, Bd. III, S. 325-346.

26 Über Oresme s. neben L. Thorndike, *A History...*, Bd. III, S. 398-423, auch Pierre Duhem, *Le système du monde*, Bd. VIII, S. 443-501. Pico schrieb in den *Disputationes*, I, S. 58: »Nicolaus Oresme, der sowohl Philosoph als auch ein hervorragender Mathematiker ist, schrieb eigens eine entrüstete Abhandlung gegen den astrologischen Aberglauben und urteilte, daß es nichts Trügerischeres, Hassenswerteres und Zerstörerisches sowohl für die Ordnung als auch vornehmlich für die Herrscher gäbe« – (Nicolaus Oresmius, et philosophus et peritissimus mathematicus, astrologicam superstitionem peculiari commentario indignabundus etiam insectatur, nihil ratus ille fallacius, nihil detestabilius, nihil omnibus quidem ordinibus, sed principibus maxime viris esse pestilentius). Zu Heinrich von Langenstein s. H. Pruckner, *Studien zu den astrologischen Schriften des Heinrich von Langenstein*, Leipzig-Berlin, 1933 (Studien der Bibl. Warburg XIV).

27 F. Boll-C. Bezold-W. Gundel, *Sternglaube und Sterndeutung. Die Geschichte und das Wesen der Astrologie*, Stuttgart, 1966, S. 41.
28 Petrarca, *L'Africa*, III, 88-264, i.d. Ausg. v. N. Fest, Florenz, 1926, S. LXV u. 54-62.

Zweites Kapitel

1 Boll, *Vita contemplativa*, S. 34ff. Zur Apotelesmatik (Einfluß der Gestirne auf das Schicksal des Menschen; Anm. d. Übers.) vgl. die Abhandlung v. A. Bouché-Leclercq, *L'astrologie grecque*, Paris, 1899, repr. in *Culture et civilisation*, Brüssel, 1963, S. 326-371.
2 Petrarca, *Prose*, hg. v. G. Martellotti, P.G. Ricci, E. Carrara u. E. Bianchi, Mailand-Neapel, 1955, S. 789-780.
3 Sankt Bernhardin von Siena, *Le prediche volgari dette nella piazza del Campo l'anno 1427*, hg. von E. Bianchi, Tip. Ed. S. Bernardino, Siena, 1880, Bd. I. S. 38ff. Vgl. auch S. Bernardini Senensis, *Sermones »de tempore« et »diversis« (Opera omnia VII.* Ex Typ. Collegii Bonaventurae, Ad Claras Aquas, 1959, S. 55): »Die Sterne am Himmel haben eine dreifache Aufgabe, erstens, die Zeiten zu unterscheiden; zweitens, die natürlichen Dinge abzubilden, drittens, auf die unteren Wesen Einfluß zu nehmen, indem sie deren Zeugung und Verfall verursachen. Sie vermögen dennoch nichts gegen den freien Willen auszurichten, wie es selbst der Astrologe Ptolemäus (lib. quadrip. I, 2 ap. Thomam, *Summa contra gentiles*, III, 86) sagte: ›Die Urteile, die ich dir liefere, liegen zwischen der Notwendigkeit und der Zufälligkeit‹; er sagte auch noch (im *Centiloquium sive aphorismi*, aph. 5): ›Der Astrologe sollte die Dinge nicht in besonderer, sondern in allgemeiner Weise behandeln, weil die Seele des Weisen die Sterne beherrscht (...)‹ (stellae quae sunt in caelo triplex officum habent: primum, distinguere tempora; secundum, figurare naturalia; tertium, influere in inferiora, scilicet causando eorum generationem atque corruptionem. Nihil tamen super liberum arbitrium possunt, cum etiam ipse Ptolemaeus astrologus dicat: ›Judicia quae ego tibi

trado sunt inter necessarium et contingens‹ [...]. Et iterum ait: ›Astrologus non debet dicere rem specialiter, sed universaliter, quia sapientis anima dominabitur astris [...]‹)«.

4 Coluccio Salutati, *Epistolario*, hg. v. F. Novati, Istituto Storico Italiano, Rom 1891, Bd. I, S. 279-288. Sein noch unveröffentlichtes Werk *De fato, fortuna et casu*, wird in verschiedenen Codices aufbewahrt (darunter Laur. Conv. 452; Laur. 53, 18; Laur. 90 sup 42; Vat. lat. 2928; hierüber und über den astrologischen und geomantischen Teil vgl. E. Garin, »I trattati morali di C.S.«, in *Accademia fiorentina di Science Morali*, *»La Colombaria«*, II, Florenz, 1944, S. 29-36 (Hg. des geomantischen Teils. Zu Cecco d'Ascoli und seine astrologischen Schriften siehe, L. Thorndike, *A History*, Bd. II, S. 948-968; in Benvenuto von Imolas Kommentar zum zwanzigsten Gesang v. Dantes *»Inferno«* ist die Anspielung auf Averroes nicht uninteressant: »Ich sage also mit Averroes: ›Die Astrologie hat keinen Wert in unseren Zeiten.‹ Darauf erwidert der Astrologe: ›Averroes kannte die Astrologie nicht, doch die Sterne lügen nicht‹« – (dicam ergo cum Averroe: astrologia nostri temporis nulla est. Sed statim dicat astrologus: Averrois non scivit astrologiam, sed astra non mentiuntur). In gleicher Weise argumentiert Galeotto Marzio, unter Zurückweisung von Averroes Aussagen, in *De incognitis vulgo*.

5 Coluccio Salutati an Luigi de' Gianfigliazzi (Stignano, 27. Febr. 1366), in Salutati, *Epistolario*, I, S. 15-20; Zu Paolo dell'Abbaco s. L. Thorndike *A History*, Bd. III, S. 205-212.

6 Thorndike schreibt in *A History*..., Bd. II, S. 386, daß das *Liber astronomicus* von Guido Bonatti de Forlivio höchstwahrscheinlich das herausragendste astrologische Werk des Jahrhunderts war, und daß auch das ausführlichste Buch über die Geomantie von einem Italiener stammte, die in Bologna 1288 geschriebene *Summa* von Bartolomeo da Parma: »Die geomantische Kunst, die den Menschen lehrt, alle Probleme zu lösen, die er durch göttliche Tugend bestätigt haben will durch ebendiese Kunst« (Ars Geomantie que docet hominem solvere omnes questiones, de quibus vult certificari divina virtute per istam artem [...]). Zum Erfolg der »Geomantie« des 16. Jahrh., die Pietro D'Abano zuge-

schrieben wird und die von Tricasso Mantovano (Patrizio Tricasso da Cerasari) 1542 in die Volkssprache übertragen wurde, siehe Thorndike, *A History...*, Bd. V., S. 62. Zur Geomantie im allgemeinen vgl. P. Tannery, Le Rabelion..., »Traités de géomantie arabes, grecs et latins,« in *Mémoires scientifiques*, hg. v. J. – L. Heiberg, Toulouse-Paris, 1920, Bd. IV. S. 297-411; A.u.L. Delatte, »Un traité byzantin de géomancie«, in *Melanges F. Cumont (Annuaire de l'Institut de Philol. et Hist. Orientale et Slave*, IV, 1936), II, S. 575-658.

7 Ibn Khaldun, *Discours...*, Bd. I. S. 244ff., eine Abhandlung, die man wegen der Ausgefeiltheit ihrer Analyse vollständig lesen sollte.

8 Für ausführlichere Analysen und weitere Texthinweise siehe E. Garin, »Elezioni e il problema dell'astrologia«, in *L'età nuova*, Neapel, 1969, S. 421-447. Bouché-Leclercq, *L'astrologie grecque*, S. 458-511, spricht von den »electiones« (katarchai) als von einer konkurrierenden, mit den Nativitäten sozusagen im Gegensatz stehenden Methode. In Wirklichkeit soll der ständige Kreislauf zwischen Himmel und Erde erklären, auf welche Weise man sowohl die Bewegungen des Himmels im Menschen, als auch die Angelegenheiten des Menschen im Himmel lesen kann. (In der *Tabula smaragdina* heißt es: »Das Untere ist wie das Obere, und das Obere wie das Untere [...]. Von der Erde steigt es zum Himmel auf und sinkt dann wieder zur Erde herab [...].« (quod est inferius, est sicut quod est superius, et quod est superius est sicut quod est inferius [...]. Ascendit a terra in coelum, iterumque descendit in terram.) Wesentlich schwieriger ist es, über den Bereich der Unbestimmtheit, in dem der freie Wille seine Handlungsfähigkeit einbringen kann, Klarheit zu erlangen; das System der Vermittlungen, durch die auf verschiedenartige Weisen die Einheit der »anima mundi« erklärt wird, ist äußerst komplex. Thomas v. Aquin hat in seiner *Summa contra gentiles*, III, 87 bemerkt: »Wenn nun die himmlische Seele also durch eine körperliche Bewegung einen Eindruck auf unseren Seelen hinterläßt, so gelangt diese Handlung nur durch eine Veränderung in unserem Körper zu unserer Seele; diese Veränderung ist nun nicht

die Ursache unserer Wahl, sondern lediglich deren Anlaß [...]. Die himmlische Bewegung wird daher nicht Ursache unserer Wahl, sondern nur Anlaß sein. Daher kann die Seele des Himmels – wenn er denn beseelt ist – nicht durch die Bewegung des Himmels die Ursache unserer Wahl oder unserer Einsichten sein« (si igitur anima coelestis aliquid imprimat in animas nostras per motum corporeum, actio illa non pervenit ad animam nostram nisi per mutationem corporis nostri, quae quidem non est causa electionum nostrarum, et occasio tantum [...]. Non igitur erit motus coelestis causa nostrae electionis, nisi per occasionem tantum. Anima igitur coeli, si sit animatum, non potest esse causa electionum vel intelligentiarum nostrarum per motum coeli). Die Schrift von Haly Albohazen filius Abenragel (11. Jahrh.) ist *De iudiciis astrorum* entnommen (dessen lateinische Version bereits 1485 in Venedig, später dann mehrmals auch in Basel gedruckt wurde). Das achte Buch des Werkes *De electionibus* ist jedenfalls von Zahel (Sahl b. Bishr), vgl. V. Stegemann, *Dorotheus von Sidon und das sogenannte »Introductorium« des Sahl ibn Bishr*, Prag, 1942. Zahel schreibt in *De electionibus* bezüglich der Übereinstimmung des Fragenden mit den Sternen: »Deine Wahl wird würdiger sein, weil du weißt, daß sie in Übereinstimmung mit den Sternen steht« (erit electio tua dignior quia scies quid ei sit congruum ex stellis). Wie es im *Speculum*, 11 heißt: »Da Nativitäten natürliche Dinge sind, sind die Befragungen den natürlichen Dingen ähnlich« (cum nativitates sint res naturales, interrogationes sunt similes naturalibus).

9 Pietro d'Abano, *Lucidator astronomiae*, ms. fol. 100v: »Ptolemäus hat im *Quadripartitum* die ›electiones‹ betreffend, nicht von ›interrogationes‹ gesprochen, denn seinem Kommentator Hally Rodoa (Ali b. Ridwan) zufolge, hielt er diese für gering, schwach und wertlos [...].. Die Wissenschaft der astronomischen Bilder ist der Wissenschaft der ›electiones‹ jedoch untergeordnet [...].« (Ptolemeus in *Quadripartito* non tetigit interrogationes per electiones eo quod, secundum Hally Rodoam [Ali b. Ridwan] ipsum commentantem, existimavit ipsas res viles et debiles fore nec ipsas dignas [...].. Huic autem scientie, que de electionibus, subal-

ternatur scientia y maginum astronomicarum proprie [...]).

10 Zu den »hermetischen« Schriften der Astrologie s. besonders A. – J. Festugière, *La révélation d'Hermès Trismégiste, I, L'astrologie et les sciences occultes, avec une appendice sur l'Hermétisme Arabe*, v. L. Masignon, Paris, 1944. Zu den Büchern *Kyranides*, siehe *Textes latins et vieux français relatifs aux Cyranides...*, hg. v. L. Delatte, Paris 1942, (insbes. S. 237-288 das *Liber Hermetis de quindecim stellis, quindecim lapidibus, quindecim herbis et quindecim imaginibus)*.

11 Ibn Khaldun, *Discours...*, Bd. III, S. 1087ff.

12 Ibn Sina (Avicenna), *Livre des directives et remarques*, Übers., Einf. u. Anm. v. A. – M. Goichon, Beirut u. Paris, 1951, S. 525; siehe auch S. 506ff., die gesamte Behandlung der Erkenntnis verborgener Dinge, Visionen, Träume, natürliche Prophetie, Magie und Talismane; besonders *Liber de anima seu sextus naturalium*, Avicenna Latinus, V, 4 hg. v. S. Van Riet, Leiden 1968, S. 62ff: »Wir aber sagen zusammenfassend, daß in der körperlichen Materie durch die Seele ständig eine Veränderung im Ausdruck hervorgerufen wird und dies ohne Hinzutun oder Beteiligung des Körpers, ebenso wie das Warme nicht aus der Hitze und das Kalte nicht aus der Kälte hervorgeht [...]. Diejenige Gestalt, die in der Seele enthalten ist, ist der Ursprung dessen, was in der Materie geschieht, so wie die Gestalt der Gesundheit, die in der Seele des Arztes ihren Ursprung hat, die Voraussetzung für die zu erlangende Gesundheit ist [...]. Beachte die Einstellung eines Kranken, der zu genesen glaubt, oder die eines Gesunden, der meint, krank zu sein; daher geschieht es nämlich häufig, da sich eine Gestalt im Menschen verhärten kann, daß die Materie dieses Menschen sich dieser Gestalt ensprechend verändert und Krankheit oder Gesundheit daher stammen; dies ist wirksamer als das, was der Arzt mit seinen Instrumenten und Mitteln bewirken kann [...]. Wenn sich aber dies in der Seele des Ganzen, d.h. der Seele des Himmels und der Erde abspielt, so ist es möglich, daß sich deren Einfluß auf die Natur insgesamt erstreckt [...]. Oftmals aber wirkt die Seele in einem fremden Körper so wie im eigenen, so beim bösen Blick und bei der Einschätzung durch den Han-

delnden [Magier]; wenn allerdings die Seele beständig, edel und den Prinzipien ähnlich ist, so gehorcht ihr die Materie in der Welt, und man wird in der Materie all dasjenige wiederfinden, was [in der Seele] Gestalt gewonnen hat [...].« (Nos autem dicimus ad summam quod ex anima solet contingere in materia corporali permutatio complexionis sine actione et passione corporali, ita quod calor accidat non ex calido et frigiditas non ex frigido [...]. Forma quae est in anima principium est eius quod contingit in materia, sicut forma sanitatis quae est in anima medici principium est sanitatis quae accidit [...]. Attende dispositionem infirmi cum credit se convalescere, aut sani cum credit se aegrotare; multotiens enim contingit ex hoc ut cum corroboratur forma in anima eius, partiatur ex ea ipsius materia et proveniat ex hoc sanitas aut infirmitas, et haec est actio efficacior quam id quod agit medicus instrumentis suis et mediis [...]. Si autem fuerit hoc in anima communi quae est caeli et mundi, possibile est tunc ut eius operatio sit ad naturam totius [...]. Multotiens autem anima operatur in corpore alieno sicut in proprio, quemadmodum est opus oculi et aestimationis operantis; immo cum anima fuerit constans, nobilis, similis principiis, oboediet ei materia quae est in mundo, et invenietur in materia quicquid formabitur in illa [...]). Der Text von Pomponazzi stammt aus *De incantationibus*, S. 54, eine einzigartige Stelle, wo die Philosophen, »die allein die irdischen Götter sind« (qui soli sunt Dii terrestres), den gemeinen, unwissenschaftlichen, »der Bildung völlig abholden« (litterarum omnino ignari) Menschen gegenübergestellt werden, die ihnen so fernstehen wie »ein echter Mensch einem nur gemalten« (sicut homines veri ab hominibus pictis). Dafür haben sie »häufig, mehr als vernünftige und gelehrteste Ärzte, die Fähigkeit zu heilen« – (multotiens plures sanant quam raitonales medici et doctissimi), denn das Volk ist leichter geneigt, auf phantastische, nicht rationale Suggestionen zu hören.

13 E. R. Briggs »Galeotto Marzio da Narni,« in *Aspects du libertinisme au XVIme siècle*, Paris, 1974, S. 73-84. Bezüglich Galeotto Marzio, *De doctrina promiscua*, folge ich der Auswahl v. M. Frezza, Pironti, Neapel, 1949, S. 95ff; vgl. aber auch *De incognitis*

vulgo, hg. v. Frezza, Neapel 1948, S. 68: »Einen überzeugenden Beweis für die Göttlichkeit des Menschen finden wir in der Tatsache, daß im Menschen eine so große Kraft vorhanden ist, daß durch Worte, die vom Herzen wie aus einem Mittelpunkt kommen, Berge versetzt werden können, die Saat verdorrt und Menschen tierische Gestalt annehmen können. Um ein Dichterwort anzuführen: Der Magier kann die Wasser im Fluß zum Stillstand bringen und die Sterne rückwärts laufen lassen, wie es Avicenna wahr zu sein schien. Er nämlich sagt, daß unsere Seele die Kraft besäße, Dinge zu verändern [...]« (non parvae persuasionis est divinitatis humanae tantam vim inesse homini ut, verbis a corde tamquam a centro prolatis, moveantur montes, sata sterilescant, homines in brutorum formas vertantur. Magus enim potest, ut poetae carmine utar, sistere aquam fluminis et vertere sidera retro, ita ut illud Avicennae verissimum esse videatur. Inquit animae nostrae inesse vim immutandi res [...]).

14 G. Pico, *Disputationes adversus astrologiam divinatricem*, I, hg. v. E. Garin, Bd. I, Florenz, 1946, S. 62.

15 Al-Kindi, *De radiis*, 7 (Hg. v. D'Alverny-Hudry, a.a.O., S. 250-251.) Ferner heißt es dort: »Jede wirkliche Erscheinung, sogar jede in elementare Materie geprägte Gestalt erzeugt Strahlen, die bei anderen Dingen Bewegung verursachen [...]. Jede Erscheinung hat ihre eigene Natur und Kraft, die sie von anderen unterscheidet, ebenso wie ihre Formen verschieden sind [...]. Bestimmte Zeichen, wenn sie mit gebührendem Ritual geschrieben werden, begünstigen die Wirkungen von Saturn, andere die anderer Planeten und wieder andere die der Fixsterne. Einige verbinden sich mit den Wirkungen des Widders, andere mit denen anderer Sternzeichen; und all diese Verschiedenheit der Erscheinungen wird in ihrer Kraft und Wirkung durch die himmlische Harmonie erzeugt, die jeder Erscheinung ihre entsprechende Kraft zuführt, damit diese in außer ihr gelegenen Körpern durch Strahlen unterschiedlicher Wirkungen Bewegung erzeugen kann, entsprechend der den Erscheinungen jeweils innewohnenden Gestalt« (omnia figura actualis, immo omnis forma in elementari materia impressa, radios parit qui in rebus aliis aliquos motus

operantur [...]. Et habet unaqueque figura suam naturam et virtutem diversam ab alia, sicut earum forme sunt diversae [...]. Quidam [...] caracteres cum debita sollempnitate exarati confortant operationem Saturni, alii aliorum planetarum, alii stellarum fixarum. Item quidam concordant cum Ariete in effectu, alii cum aliis signis, et totam hanc diversitatem circa figuras in virtute et effectu operatur celestis armonia, tribuens unicuique virtutem suam faciendi motus in corporibus secundum quod figure in suis formis sunt diverse [...]). Im achten Kapitel von *De imaginibus* S. 252-253, wird dies noch bekräftigt: »Sie erstellen auch Bilder von Menschen und Tieren verschiedener Arten; diese Bilder werden unter Berücksichtigung von Zeit, Ort und anderen Ritualen durch Menschenwerk rituell zu einer wirklichen Existenz geführt und bestimmen durch Los das astrale Thema desjenigen, der die Absicht hat, Bewegung in den Dingen hervorzurufen, d. h., eine Angelegenheit zu begünstigen oder zu verhindern; denn die himmlische Harmonie stattet ein so verfertigtes Bild mit ihrem eigenen Vermögen durch Aussenden von Strahlen auf die elementaren Dinge aus und bewegt diese durch ein bestimmtes Vermögen der Kraft der Strahlen, das es wiederum von der himmlischen Harmonie empfangen hat. Die verschiedenen Arten von Bildern bedürfen einer Materie, die je nach der Verschiedenartigkeit der Konstellation variiert, so wie auch die Rituale variieren. Die Kenntnis alles dessen ergibt sich aus der Kenntnis der Natur der Sterne und der Natur der Materie, die mit der Eigenschaft der Konstellation übereinstimmen kann oder nicht« (fiunt quoque ymagines hominum et animalium diversarum specierum cum observatione loci et temporis et aliarum sollempnitatum, que in actualem existentiam solempniter producte per hominis opus thema aliquod intendentis effectum motus in rebus sortiuntur, scilicet promotionis vel prohibitionis, celesti armonia ymaginem taliter factam informante in virtute sua per suorum proiectionem radiorum. Et ymago, ad eius similitudinem, radios suos proicit in res elementares et eas movet aliqua modorum virtute radiorum suorum quam ab armonia recipit. Et species ymaginum diversas exigunt materias secundum quod fiunt in diversis constellationibus, diversas quoque operis solempnitates. Quarum omnium notitia procedit ex notitia nature stellarum et nature materie concordantis vel discordantis cum proprietate constellationis [...]). Bezüglich des Aufbaus der »Bilder« vgl., neben *Picatrix*, von dem später die Rede sein wird, auch *De imaginibus* von Thabit ibn Qurrah, dessen lateinische Version von F. Carmody 1960 (*The Astrological Works of Thabit b. Qurrah*) veröffentlicht wurde.

16 Ibn Khaldun, *Discours* III, S. 1095ff. Es sei gestattet, auf weitere Hinweise und die Bibliographien in meinem Aufsatz »Un manuale di magia: *Picatrix*« hinzuweisen, der in *L'età nuova*, S. 387-419 enthalten ist. Dem ist nicht viel hinzuzufügen, etliche Sammlungen von zweiter Hand können ebenfalls ignoriert werden. Verwiesen sei auf H. Corbin, *En Islam Iranien. Aspects spirituels et philosophiques*, II, Paris, 1971, S. 300ff. Siehe auch H. u. E. Kahane-A. Pierangeli, »Picatrix and the Talismans«, in *Romance Philology*, XIX, 1965-1966, S. 574-593; F. Rico, *El pequeño mundo del hombre. Varia fortuna de una idea en las letras españolas*, Madrid, 1970, S. 76ff. (»Der pittoreske Wald der astralen Magie, dessen Übersetzung ins Kastilische im Jahre 1256 Alfons X. anordnete und dessen Übertragung vom Kastilischen ins Lateinische auf diese Weise jahrhundertelang unter dem Titel *Picatrix* Verbreitung fand«). Ich folge im Text der aus dem Arabischen übersetzten deutschen Fassung von Ritter und Plessner (*»Picatrix«. Das Ziel der Weisen von Pseudo-Magriti*, The Warburg-Institute, London, 1962) und der lateinischen Version, die im Parisiensis lat. 10272 und im Magl. XX, 20 vorliegt. Eine ausführliche Studie zum lateinischen Text mit einer Einführung, hg. v. V. Perrone Compagni ist jetzt in *Medioevo. Rivista di storia della filosofia medievale*, I, 1975, S. 237-337 erschienen. (Vgl. a. D. Pingree, *Picatrix. The Latin Version of the Ghayat al-Hakim*, 2 Bde, London, 1986, *Studies of the Warburg-Institute*, 39).

17 Vgl. a. *Recueil des plus Célèbres Astologues et quelques hommes doctes faict par Symon de Phares... publié par le* Dr. E. Wickersheimer, Paris, 1929, S. 36: »Picatrix war einigen zufolge zu jener Zeit der hervorragendste und bekannteste Astrologe der Welt und

er beweist dies auch zu Beginn seines Buches, das eine große Summa darstellt, obwohl einiges in dieser Summa finstere Dinge betrifft, die inzwischen verboten sind, es aber damals nicht waren, wenngleich auch schlechte Lehren zu allen Zeiten verboten waren; er zitiert mehrere Astrologen, die ich aber der Kürze halber übergehe, denn ich erinnere mich ihrer nicht genau, da ich als Student dieses Buch nur überflog«; (die letzte Bemerkung ist ein wertvolles Zeugnis für die Verbreitung des *Picatrix* im 15. Jahrh.). In der französischen Übersetzung des Werkes *De praestigiis daemonum* – 16. Jahrh. – von Johann Wier, Schüler von Cornelius Agrippa, *Histoires disputes et discours des illusions et impostures des diables, des magiciens infames*, Aux bureaux du Progrès médical, Paris, 1885, Bd.I, S. 178 steht: »Der spanische Picatrix, oder der Autor des unter dem Namen »Picatrix« an Alfons gesandten Buches«.

18 *Picatrix*, I, 6 (Übers. Plessner, S. 35-38); zu bestimmten Themen vgl. den von G. F. Pico zitierten Text »'Almadel' auctor pseudonymus: de firmitate sex scientiarum«, veröffentlicht nach dem einzigen Manuskript (Laurentiana) von R. A. Pack, in *Archives d'Histoire Doctrinale et Littéraire du Moyen Age*, 42, 1975, Paris 1976, S. 147-181.

19 *Picatrix*, IV, 3 (Übers., S. 254-255).

20 *Picatrix*, III, 6 (Übers., S. 198ff, Corbin s.o.S. 301).

21 *Cod. Arundel*, 263, 155r.1

Drittes Kapitel

1 J. Décarreaux, *Les Grecs au Concile de l'Union, Ferrare-Florence 1438-1439*, A. u. I. Picard, Paris, 1970, S. 106. Für die Reaktion gegen den Aristotelismus s. den kennzeichnenden, von J. Gill (*Il concilio di Firenze*, ital. Übers., Sansoni, Florenz, 1967, S. 270, oder engl., *The Council of Florence*, Cambridge, 1959, S. 227), zitierten Text des Syropulos: »Er [einer der georgischen Gesandten] sagte: ›Was heißt hier Aristoteles, Aristoteles? Keinen Pfif-

ferling ist euer feiner Aristoteles wert‹ – und als ich mit Worten und Gebärden fragte: ›Wer ist denn groß?‹, antwortete der Georgier: ›Der heilige Peter, der heilige Paulus, der heilige Basilius, Gregor der Theologe, aber keinen Pfifferling ist Aristoteles wert.‹«

2 Zu Plethons Heidentum s. Milton V. Anastos, »Plethos Calendar and Liturgy«, in *Dumbarton Oaks Papers*, IV, 1948, S. 269. Anastos berichtet, daß die Christen für Platon lediglich »Sophisten« seien.

3 Hier handelt es sich um den wohlbekannten Text der *Comparationes phylosophorum Aristotelis et Platonis*, Per Jacobum Pentium de Leuco, Venedig, 1523 (s. insbes. die Kapitel 11-19 des III. Buches sowie zu der Frage generell mein *Rinascite e rivoluzioni* a.a.O., S. 113-119).

4 Nómoi, III, 35, Hymnen 7 u. 9 (in Pléthon, *Traité des lois* etc., hg. v. G. Alexandre, Paris, 1858, S: 208-210, repr. Amsterdam, 1966). Zur Liturgie des Plethon ist der gesamte Aufsatz von Anastos, a.a.O., S. 189-305 zu konsultieren.

5 Nómoi, II, 6 (a.a.O., S. 64ff). S. a. *De differentiis*, (jetzt in der Ausg. v. B. Lagarde, Le »de differentiis« de Pléthon d'après l'autographe de la Marcienne, in *Byzantion*, 431973 (Hommage à Marius Canard),: S 321-343), ferner »Replica a Scholarios« (immer noch i.d. Ausg. v. W. Gass, *Gennadius und Pletho*..., Breslau, 1844, in Migne, P.G. 160); zum Determinismus im besonderen, s. F. Masai, »Pléthon et le platonisme de Mistra«, *les Belles Lettres*, Paris, 1956, S. 186ff.

6 Vgl. L. Labowsky, »An Unknown Treatise by Theodoros Gaza«, in *Medieval and Renaissance Studies*, VI, 1958, S. 173-198.

7 Zur »Gegenwart« der »Chaldäischen Orakel« u. zu den Schriften Plethons, s. B. Kieszkowski, *Studi sul platonismo del Rinascimento*, Florenz 1936. Vgl. auch die kürzlich erschienene Ausgabe (»avec un choix de commentaires anciens«), v. E. des Places, Les *Belles Lettres*, Paris, 1971. Zum Einfluß von Kaiser Julian vgl. Garin, *Studi sul platonismo medievale*, Florenz, 1958, S. 153-215.

8 L. Thorndike, *A History*..., Bd. IV, a.a.O., S. 562-573, (der Text von *De conscribendis epistulis* von Vives, auf den sich Thorndike

bezieht, wird auf S. 562, Anm. 1 zitiert: »Der Philosophaster Marsilius Ficino mischte sich unter die anderen wie eine Möwe unter die Schwäne« – (admiscuit se his philosophaster Marsilius Ficinus ut oloribus gavia).

9 Zur *Disputatio*, s. P. O. Kristeller, *Supplementum ficinianum*, Florenz, 1937, Bd. II, S. 11-76; ferner, ders., *Il pensiero filosofico di Marsilio Ficino*, Florenz, 1953, S. 334-340. Nicht zu vergessen R. Marcel, *Marsile Ficin*, Les Belles Lettres, Paris, 1958.

10 Die Pergamenthandschrift *De causa Dei* der Bibliothek des Klosters von S. Maria Novella (jetzt in der Biblioteca Nazionale v. Florenz: Conv. Soppr. G.3.418) gibt sorgfältig die Stellen an, wo Hermes zitiert oder erwähnt wird; sie stammt aus dem Jahr 1356 und wurde 1366 in Paris von Francesco de' Nerli, einem Einsiedler und Magister der Theologie im Studio fiorentino, abgeschrieben.

11 Für eine ausführliche Analyse von Ficinos »Hermetismus«, s. Frances Yates, *Giordano Bruno and the Hermetic Tradition*, London 1964, ferner D. P. Walker, *Spiritual and Demonic Magic from Ficino to Campanella*, The Warburg Institute, London, 1958.

12 Alle Verweise auf die hermetischen Texte basieren auf der Ausgabe des *Corpus Hermeticum* von A. D. Nock u. A.-J. Festugière (4 Bde, *Les Belles Lettres*, Paris 1945-54), benutzt wurde aber auch der vierte Band der Ausgabe *d'Hermetica* v. Scott-Ferguson (4 Bde., Oxford, 1924-36), der reich an Zeugnissen ist. In einigen Punkten wurde auch das *Liber Hermetis*, hg. v. W. Gundel, »Neue astrologische Texte des Hermes Trismegistos«, in *Abhandlungen der Bayerischen Akademie der Wissenschaften*, NF, XII, München, 1936, v. F. Cumont, *L'Egypte des Astrologues*, Fondation Egyptologique Reine Elisabeth, Brüssel, 1937, verwendet. Vgl. neben dem bereits erwähnten Werk A. – J. Festugières *La révélation d'Hermès Trismégiste*, auch sein *Hermétisme et mystique païenne*, Paris, 1967 (diese Werke sind auch wegen der bibliographischen Anmerkungen zu einigen hier untersuchten Themen einzusehen). Für die Bemerkungen zu Jamblichos, *De mysteriis Aegyptiorum* wurde die Ausgabe, von Des Places, *Les Belles Lettres*, Paris, 1966 benutzt.

13 Zur Theorie der *vires, virtutes* usw. s. den Kommentar v. Festugière, *Corpus Hermeticum*, I, a.a.O., S. 140-142; für den Text ebda., III, S. 44.

14 Kristeller, *Supplementum ficinianum*, II, a.a.O., S. 36ff: »Die Astrologen selbst sind sich nicht einig [...]. Einige meinen, daß die Planeten nicht auf alles wirken. Albumasar sagte in seinem Buch *De iudiciis*, einige Astrologen dächten, die Planeten seien lediglich Zeichen für universelle Dinge, wie die Elemente und Arten der Dinge [...]. Andere wollen den Sternen nur hinsichtlich des Unausweichlichen Bedeutung zuschreiben [...]. Andere wiederum vertreten die Meinung, daß die Sterne nur eine Veränderung der Zeiten andeuten [...]« (Astrologi inter se dissentiunt [...]. Quidam astrologi dicunt planetas non agere super omnia. Albumasar in libro de iudiciis dicit nonnullos astrologos putare planetas non significare nisi super res universales, scilicet elementa rerumque species [...]. Alios velle stellas significare tantum quod necessarium est [...]. alios opinari planetas significare solum de temporum mutatione [...]). Im Jahre 1474 teilt der Herzog von Mailand D. Sagramoro de Arimino mit, daß es den Astrologen »gestattet sei, über allgemeine Dinge zu sprechen, weil Einzelheiten Verwirrung stifteten und gefährlich seien und darüber hinaus die Religion und der christliche Glaube derartigen Aberglauben verbieten würden«; (F. Gabotto, »L'astrologia nel Quattrocento in rapporto colla civilità«, in *Rivista di Filosofia Scientifica*, VIII, 1889).

15 Ficino, *Theologia platonica*, IX, 4 (hg. von R. Marcel, *Les Belles Lettres*, Paris, 1964, Bd. II, S. 28).

16 Ficino, ebda., (X, 2, Bd. II, S. 56-58).

17 Ficino, ebda., (XIII, 2, Bd. II, S. 208-209). Marcels Ausgabe, die im allgemeinen höchst ungenau ist, ergibt hier überhaupt keinen Sinn und muß unter Rückgriff auf die Handschriften und die ersten Ausgaben, die weitaus weniger ungenau sind als gemeinhin behauptet wird, berichtigt werden.

18 Das Diktum: »Füge dem Schicksal nichts hinzu« (Ne tu augeas fatum), das durch Psellus (P.G., 122, 1145c) erhalten und von Plethon (ebda. 1117a) kommentiert wurde, wurde zum Allgemein-

platz. Es ist Nr. 103 der *Oracles chaldaiques* in der Ausg. von Des Places, S: 91, (S. 50 bei Kroll).

19 Für die Interpretation des *De vita coelitus comparanda*, ist natürlich R. Klibansky, E. Panofsky, F. Saxls *Saturn und Melancholie*, Frankfurt/M., 1990 (u. 1992) – die Neuauflage v. E. Panofskys u. F. Saxls Dürers »*Melencolia. I*«. *Eine quellen- und typengeschichtliche Untersuchung*, Leipzig, 1923, mit dem die »Studien der Bibliothek Warburg« eröffnet wurden – unablässig; wertvolle Beiträge finden sich bei A. Chastel, *Marsile Ficin et l'art*, Genève-Lille, 1954.

20 A. Chastel, a.a.O., S.42.

21 Ficino, *De vita*, III, 11.

22 Ficino, *De vita*, III, 19 u. 22.

23 Ficino, *De vita*, III, 19; de fabricanda universi figura ...: »Er wird, wenn es ihm gefällt, ein Urbild des Universums in Erz meißeln, und wenn es ihm günstig erscheint, dieses auf ein vergoldetes Silberblatt prägen« (sculpet [...] formam quandam mundi totius archetypam si placebit in aere, quam deinde opportune in argenti lamina imprimat aurata [...]).

24 R. Starraba, »Ricerche storiche su Guglielmo Raimondo Moncada ebreo convertito siciliano del secolo XV«, Palermo, 1878, S. 74 (*Archivio Storico Siciliano*, N.S., III, 1878, S. 85-88); vgl. I. Carini, Guglielmo Raimondo Moncada, ebda., XXII, 1898, S. 485-486): *De imaginibus coelestibus*: »haec est illa scientia divina quae felices homines reddit, et ut dii inter mortales videantur edocet: haec est quae cum astris loqutur et, si majus dicere fas est, cum Deo ipso quidquid in mundo est gubernatur [...]« (aus: Vat. Urb. lat. 1384). Wie bekannt, wurde Guglielmo Raimondo Moncada bereits seit langer Zeit als Flavius Mitridates identifiziert. Bezüglich Mercurio da Correggio und der Prophetie des Arquato sei es mir erlaubt, auf meine früheren Arbeiten (insbes. *letà nuova*, hinzuweisen); vgl. auch C. Vasoli, *Profezia e ragione*, Neapel 1974, u. David B. Ruderman, »Giovanni Mercurio da Correggio's Appearance in Italy as seen through the Eyes of an Italian Jew«, in *Renaissance Quarterly*, 28, 1975, S. 309-322). Interessant ist der Gebrauch der Astrologen bei Sigismondo Tizio

(1458-1528) in seinem Werk *Historiae Senenses*, (das ich in der Kopie der Biblioteca Nazionale di Firenze, II, V. 140 gelesen habe) wo er auch Arquato (neben Paul v. Middelburg, Domenico Maria Novara und Regiomontanus) benutzt. Tizio schreibt u.a.: »Aufgrund der großen Konjunktion der beiden Gestirne, die 1484 im Zeichen Skorpion stattfand und in deren Folge fast ganz Italien durch die Invasion der Gallier (Franzosen) erschüttert wurde, sagten die Mathematiker häufig bei einer kleinen Konjunktion das Erscheinen eines neuen kleineren Propheten voraus [...]. Paul von Middelburg hat all dies [...] geglaubt [...], andere stimmten damit, unterstützt von den Autoritäten Albumasar und Messahalla überein [...]. Der Antichrist, der falsche, größere Prophet, wird unter einer Konjunktion dreier Gestirne im ersten Grad Widder erscheinen; die Konjunktion, von der zuvor die Rede war, war eine kleine Konjunktion im Zeichen Skorpion. Daher bekräftigen wir, daß, sofern wir überhaupt einige Kenntnis der Gestirne besitzen, Hieronymus Savonarola dieser kleinere Prophet war« – (Mathematici [...]) ex duorum superiorum coniunctione quae anno quadringentesimo octuagesimo quarto fuerat supra millesimum in Scorpionis simulacro, ob quam universa fere Italia adventu Gallorum turbata jam fuit, saepe praedixerant novum appariturum esse propheteam minorem, quum minor coniunctio fuerat [...]. Haec omnia Paulus Midelburgensis [...] iudicio suo [...] annotavit, ceteris in eandem sententiam convenientibus, Albumasari ac Messahallae auctoritatibus suffulti [...] Pseudo [...] ille Antichristus propheta maior est futurus coniunctione mutante triplicitate in primo Arietis gradu oriundus; haec vero de qua loquimur coniunctio minor in Scorpionis fuit. Quapropter, si qua nobis astrorum peritia est, Prophetam hunc minorem Hieronimum Savonarolam [...] fuisse asserimus).

25 Der berühmte Text Ficinos über Savonarola als Antichrist wurde von Kristeller im *Supplementum ficinianum*, II, a.a.O., S. 76-79 herausgegeben (und war bereits von Passerini im *Giornale storico degli Archivi toscani*, III, 1859, S. 115ff. veröffentlicht worden). Auch Ficino beruft sich auf dieAstrologen: »Dies ist nicht der Ort, um die Gründe zu diskutieren, weshalb die Astrologen und

auch die Platoniker annahmen, daß Savonarola durch verschiedene und unglückselige Einflüsse der Gestirne zu seinen Eingebungen kam« (quibus autem rationibus Astrologi simulque Platonici Savonarolam multis diversique vel infelicibus syderum influxibus inflatam fuisse conicerent, in presentia disputare non expedit.) Zur *Apologia* von Ficino s. E. Sanesi, *Vicari e canonici e il »caso Savonarola«*, Florenz, 1932, S. 11-19.

26 Vgl. Giancarlo Zanier, »Il problema astrologico nelle prime opere di Giovanni Pico della Mirandola«, in *La Cultura*, VIII, 1970, S. 524-551; einige seiner Thesen scheinen eher unhaltbar zu sein. Wenn wir die Schlußfolgerungen von Michele Fuiano, »Astrologia ed umanesimo in due prefazioni di Andrea di Trebisonda«, in *Atti dell'Accademia Pontaniana*, N.S., XVII, 1967-1968, S. 385-412, akzeptieren, denen lediglich chronologische u. vielleicht nicht unüberwindliche Schwierigkeiten entgegenstehen, so wäre der Beweis erbracht, daß bereits die Zeitgenossen die Positionen des jungen Pico unterschiedlich verstanden haben. S. a. P. Zambelli, »Platon, Ficino und die Magie«, in *Studia Humanitatis.* Ernesto Grassi zum 70. Geburtstag, hg. v. R. Hora u. E. Keßler, München, 1973, S. 121-142.

27 Es bedürfte einer einzigartigen historischen Verblendung, um die Bedeutung der von Pico della Mirandola mit großer Lebendigkeit entzündeten Debatte über die Astrologie zu verkennen. An der Debatte beteiligten sich in verschiedener Weise Theologen, Philosophen und Wissenschaftler. Über Pomponazzi kamen noch Kepler und Mersenne hinzu. Obgleich die wesentlichen biographischen Daten bei Thorndike zu finden sind, so fehlt doch noch ein detailliertes Werk zu diesem Thema. Nützliche Hinweise zu diesem weitläufigen Gebiet finden sich bei P. Zambeli, »Giovanni Mainardi e la polemica sull'astrologia«, in *L'opera e il pensiero di Giovanni Pico della Mirandola nella storia dell'Umanesimo*, Convegno Internazionale, 1963, Istituto Nazionale di Studi sul Rinascimento, Florenz, 1965, Bd. II, S. 205-279 (vgl. auch im gleichen Bd. S. 315-331, P. Rossi, *Considerazioni sul declino dell'astrologia agli inizi dell'età moderna*, wo u. a. der eher bescheidene Aufsatz von Thorndike, »The True Place of Astrology

in the History of Science«, in *Isis*, 46, 1955, S: 273-278, besprochen wird). Einige bemerkenswerte Werke, die die Debatte inspirierten, sollen hier noch erwähnt werden: Petrus Garsias, *Determinationes magistrales contra conclusiones etc.*, Rom 1489; G. Savonarola, *Tractato contra li astrologi*, Florenz, 1497, Lucius Bellantius, *De astrologica veritate, et in disputationes Io. Pici responsiones*, Florenz, 1498; G. F. Pico, *De rerum praenotione* (das vielleicht bereits 1502 fertiggestellt wurde; Straßburg 1506/1507); G. F. Pico, *Quaestio de falsitate astrologiae* (1505/1514; hg. v. W. Cavini, in *Rinascimento*, N. S., XIII, 1973, S. 133-171). Zu Pontano und dessen Werk *De rebus coelestibus*, s. B. Soldati, *La poesia astrologica nel Quattrocento. Ricerche e studi*, Florenz, 1906. Zu einigen Themen, in der Polemik Picos, s. H. de Lubac, *Pico de la Mirandole*, Paris, 1974, S. 307-326.

Viertes Kapitel

1 Pomponazzi, *De incantationibus*, 12, a.a.O., S. 266-267. Vgl. die französische Ausgabe mit der wichtigen Einleitung und den Anmerkungen von Henri Busson (P. Pomponazzi, *Les causes des merveilles de la nature ou les enchantements*, Paris, 1930, S. 245).

2 R. Ridolfi, *Vita di Girolamo Savonarola*, Florenz, 1974, Bd. II, S. 550. Zu Giovanni Nesi, s. den umfangreichen Aufsatz (mit Texten) von C. Vasoli, »Giovanni Nesi tra Donato Acciaiuoli e Girolamo Savonarola. Testi editi e inediti«, in *Memorie Domenicane*, N.S., 4, 1973, S. 103-179.

3 Die Kenntnis der gegen Pico gerichteten Äußerung verdanke ich dem freundlichen Hinweis von Aleksandr. Ch. Gorfunkel (aus Leningrad, am 20. Februar 1974).

4 Zur Bedeutung von Gian Francesco Pico s. den Band von C. B. Schmitt, *Gianfrancesco Pico della Mirandola (1469-1533)*, Den Haag, 1967, der auch bibliographische Hinweise enthält (zur Beziehung zu Giovanni Mainardi, dem berühmten Arzt s. S. 14-15 u. d. Anmerkungen).

5 *Disputationes, XII, 3* (a.a.O., Bd. II, S. 498-500); das gesamte zwölfte Buch, aus dem die angegebenen Zitate stammen, ist ebenfalls einzusehen.

6 *Disputationes, XII, 3*, (a.a.O., Bd. II, S. 500).

7 Von nicht geringem Interesse wäre es, die Beziehung zu Cusanus zu untersuchen, und zwar nicht so sehr in Bezug auf die allgemeinen Themen, sondern die spezifischen Haltungen. In *De coniecturis, I, 1* (*Opera omnia, III*, hg. v. J. Koch, C. Borman, Jo. G. Senger, Hamburg, 1972, hat der Mensch oder besser dessen Verstand (mens) in der Gegenüberstellung zu Gott und den Tieren seine Eigenart als *Coniecturalis mundi forma*: »So wie dieses absolute göttliche Wesen alles ist, was existiert, in jedem Ding, das existiert, so ist auch die Einheit des menschlichen Verstandes das Sein seiner Konjekturen. Gott aber vollzieht alles seiner selbst wegen, so daß der Geist Anfang wie auch Ende von allem sei; gleiches gilt für die Erklärung der rationalen Welt, die sich durch unseren auf sich selbst bezogenen Verstand entwickelt, der seiner selbst wegen als Schöpfer vorgeht« (ut absoluta illa divina entitas est omne id quod est in quodlibet quod est, ita et mentis humanae unitas est coniecturarum suarum entitas. Deus autem omnia propter se ipsum operatur, ut intellectuale sit principium pariter et finis omnium; ita quidem rationalis mundi explicatio, a nostra complicante mente progrediens, propter ipsam est fabricatricem). So wie also Gott die schöpferische Einheit der wirklichen Welt ist, so ist der Mensch die Gesamtheit der »symbolischen« Welt der »Konjekturen«.

8 Nur historiographische Blindheit, die wenig in die Texte eindringt, sie vielmehr nur katalogisiert (so wie das große Werk von Thorndike wohl eher ein Katalog und eine Aufstellung als eine historische Untersuchung ist), wird die Bedeutung der von Pico eröffneten Polemik in den Schatten stellen; immerhin fühlten sich alle Zeitgenossen aufgerufen, Stellung zu beziehen. Der Stellenwert der Astrologie im täglichen Leben, zu dem viel zu sagen wäre, wird größtenteils noch erarbeitet werden müssen.

9 Zu den Auseinandersetzungen mit der Astrologie auf medizinischem Gebiet, sind die von Troilo Lancetta [Lootri Nacattel] in

seiner *Raccolta medica et astrologica* zusammengestellten Texte, die »appresso li Guerigli« in Venedig 1645 erschienen, von Interesse. Der Band enthält, in Volkssprache, Texte von Fracastoro über die kritischen Tage und eine große Sammlung der Schriften von Cremonini (neben einigen Seiten griechischer Autoren). Es ist eines der charakteristischen Dokumente der Auseinandersetzung mit der Astrologie auf medizinischem Gebiet, so wie sie sich im 17. Jahrhundert herausgebildet hat.

10 Zu Pontano, aber auch zu der Literatur, die mit ihm in Verbindung steht, s. F. Tateo, *Astrologia e moralità* in *G. Pontano*, Bari 1960 u. auch Mauro De Nichilo, *I poemi astrologici di Giovanni Pontano. Storia del testo*, Bari, 1975.

11 Zu Cornelius Agrippa und der Magie (u. Astrologie) sowie auch wegen weiterer bibliographischer Angaben, s. P. Zambelli, »Le problème de la magie naturelle à la Renaissance«, in *Magia, astrologia e religione nel Rinascimento*, Convegno polacco-italiano, Warschau, 25-27, September 1972, Wroclaw-Warszawa-Krakow-Gdansk 1974, S. 48-82, (auch für Hinweise auf Zambellis bereits vorliegende Beiträge sowie Textausgaben von Agrippa, die ebenfalls von Zambelli herausgegeben wurden). Vgl. Wayne Shumaker, *The Occult Science in the Renaissance. A Study in Intellectual Patterns*, Berkeley-Los Angeles-London, 1972.

12 Zu Benivieni und Cattani sei es mir erlaubt, (neben der Einführung von Busson zu seiner Anthologie aus Texten des *De incantationibus*) auf das, was ich schon vor langer Zeit dazu in *Medioevo e Rinascimento*, Bari, 1973 (4. Aufl.) zum Ausdruck gebracht habe, zu verweisen.

13 Die Beziehung von Ficino und Pomponazzi, die subtil und komplex zugleich war, wurde noch nicht genügend erforscht. Sehr erhellend dazu ist das X. Kapitel aus *De incantationibus* (insbesondere, wenn man die Originalhandschriften liest, ohne die kleinen, doch empfindlichen Eingriffe durch Gratarol). Für Pomponazzi gibt es bei Platon (Ficino) keine substantielle Anschauung, die im Widerspruch zu der der Peripathetiker stünde – es gibt nur verschiedenartige Probleme. Aristoteles (und die Aristoteliker) wissen, daß man dem gemeinen, unwissenden Volk die »wis-

senschaftliche« Wahrheit nicht sagen kann: »Menschen, die keine Philosophen sind, sind in Wirklichkeit wie die Tiere« (homines non philosophi, qui revere sunt veluti bestiae) und: »Sie können nicht begreifen, daß Gott, die Himmel und die Natur dieses bewirken können und meinen, mit den Intelligenzen verhielte es sich wie mit den Menschen – da sie nämlich nur Körperliches verstehen; daher hat man Engel und Dämonen für das Volk eingeführt, obwohl deren Erfinder am besten wußten, daß jene nicht existieren können« (non possunt capere Deum, Caelos et Naturam haec posse operari, creduntque ita esse de intelligentiis veluti de hominibus – non enim nisi corporalia capere possunt – ideo propter vulgares introducti sunt angeli et daemones, quamquam introducentes minime posse esse illos sciebant). Die Märchen, die Geister und »der mystische Sinn« sind aus ganz praktischen Gründen eingeführt worden – »für das dumme Volk« – (propter ignavum vulgus). »Die Sprache der Religion nämlich, wie es Averroes in seiner Poetik sagt, ähnelt der Sprache der Dichter [...]. Solche Geschichten dienen dazu, uns zur Wahrheit zu geleiten, und ferner, um das grobe Volk zu erziehen, das es nötig hat, zum Guten geführt und vom Schlechten abgehalten zu werden, so wie man es auch bei den Kindern hält, in der Hoffnung auf Belohnung und Angst vor Strafe« (Sermo enim legum, ut inquit Averrois in sua *Poesi*, est similis sermoni poetarum. Illa fingunt ut in veritatem veniamus et rude vulgo instruamus, quod inducere oportet ad bonum et a malo retrahere, ut pueri inducuntur et retrahentur, scilicet spe praemii et timore poenae). Pomponazzi meint dazu: »Es ist mir nicht fremd und nicht weit von der Wahrheit entfernt« (a me alienum non est, nec a veritate remotum), daß Platon »Engel und Dämonen eingeführt hat, nicht etwa, weil er an sie glaubte, sondern weil es seine Absicht war, ungebildete Menschen zu erziehen« (angelos et daemones introduxisse, non quia hoc esse crediderit, sed quoniam suum erat propositum homies rudes instruere). So wie Äskulap ein Arzt des Leibes war, »war Platon [ein Arzt] der menschlichen Seelen« (sic Plato animorum humanorum). Pomponazzi nimmt hier ganz deutlich Ficinos Thema der Beziehung der Medizin des Leibes zu der »platonischen« Medizin der Seele und der »Bekehrung« Ficinos von der Medizin zum Platonismus auf. Aristoteles hingegen, der »Wissenschaft« zugewandt, suchte nicht im Metaphorischen Zuflucht, hielt aber auch offensichtlich keine Reden, die den Verdacht der Priester erregen können [»dazu wenig oder nichts« (cum haec positio ex toto auferat Deos)]. Platon, der sich politisch-pädagogischen Zielen verschrieben, der das Gute beschworen hatte und vor allem in »Rätseln, Metaphern und Fiktionen« (per aenigmata, metaphoras et fictiones) gesprochen hatte, errang sogar den Ruf eines »Heiligen«, und »es ist nicht verwunderlich, daß Platon vom Volk und den Priestern gepriesen wurde« (nil mirum si Plato a vulgaribus et sacerdotibus fuerit exaltatus); vgl. *De incantationibus*, 10 (hg. v. Gratarol, S. 200-208, mit Korrekturen aus dem Manuskript, ms. 390 (389) aus Arezzo, der Biblioteca della Fraternità dei Laici). Wer sich jemals die Mühe gemacht hat, diese oder andere Passagen zu vergleichen, wird weder Zweifel an der Haltung Pomponazzis noch an dessen Urteil über Ficino und den Platonismus hegen. Was den Aristotelismus betrifft, als dessen Anhänger er sich bezeichnete: »Die Liebe und Verehrung, die ich seit frühester Jugend für Aristoteles hege, verpflichten mich« (amor meus et observantia quam a teneris etiam anni erga Aristotelem habui impellunt [...]), so sind seine Schlußfolgerungen ebenfalls deutlich: »Da diese Anschauung die Götter völlig ausschließt, konnte er wegen der heidnischen nicht mehr als wegen der anderen Religionen (seine Ansichten) nicht öffentlich kundtun, da sie den Staat zerstört und die Priester nichtig gemacht hätten. Letztere hatten immer große Macht, deshalb waren die Philosophen in Fragen der Religion stets verdächtig und sie waren – wie es Platon in seiner *Apologie* berichtet – immer Gegenstand von Spott und Haß« (haec positio ex toto auferat Deos, per gentilium et caeteras leges non tuto haec propalasset: nam auferrentur respublicae et sacerdotes in nihilum verterentur. Eorum autem semper fuit maxima potentia. Quare cum semper philosophi suspecti fuerint de religione – ut Plato in ›*Apologia*‹ refert, ideo aut in derisionem aut in odium semper habiti sunt).

14 *Libri quinque de fato, de libero arbitrio et de praedestinatione* (hg. v. Richard Lemay, In Aedibus Thesauri Mundi, Lucani, 1957), II, 7, 1, 44, S. 205-206; zu den »aufeinanderfolgenden Wechselfällen« (successiva vicissitudo) und den »aufeinanderfolgenden und ewigen Wechselfällen« (successiva et perpetua vicissitudo), ebda., S. 195.

15 *Epilogus sive peroratio*, a.a.O., S.451-458.

16 *De incantationibus*, X (Hg. Gratarol, S. 147-148).

17 *De incantationibus*, X (ebda., S. 149-150).

18 *De incantationibus*, IV (ebda., S. 57-58). Der berühmte Biagio Pelacani da Parma, der Professor in Padua war, hatte aufsehenerregende »natürliche« Erklärungen dieser Art von sich gegeben. Zu Pelacani als Astrologe s. G. Federici Vescovini, »Su uno scritto astrologico di Biagio Pelacani da Parma«, in *Rinascimento*, Zweite Serie, Bd. XI, 1971, S. 79-93.

19 Das ganze Kapitel XII des *De incantationibus* ist bemerkenswert, (vgl. aber auch die angegebene Ausgabe, S. 186-187).

20 *De incantationibus*, XII (ebda. S. 284).

21 *De incantationibus*, XII (ebda. S. 286-287): »Daher ist in unserem Glauben heute alles kalt, es gibt keine Wunder mehr, nur noch falsche und lügnerische. Das Ende scheint nunmehr nahe zu sein [...]. Es fließt nämlich nur eine bestimmte Zeit lang Kraft vom Himmel [...] und schließlich verbleibt nur noch ein leeres, nutzloses Bild, das kalt und tot ist« (Quare et nunc in fide nostra omnia frigescunt, miracula desinunt, nisi conficta et simulata: nam propinquus videtur esse finis [...]. Non enim influit aliqua virtus de coelo nisi in quodam tempore [...] et postea cassa et inutilis remanet imago frigida et mortua [...]). Zu Vanini vgl. die Ausgabe von Corvaglia der *Opere* (Società A. Ed. Dante Alighieri, 1934), Bd. II, S. 284-293, wo die entsprechenden Stellen bei Pomponazzi mitangegeben sind.

22 Democritus Junior (Robert Burton), *The Anatomy of Melancholy*, III, sect. 4, mem. 2, subst. 1 (London, 187, S. 708-709). Zur Beziehung Pomponazzi – Mersenne vgl R. Lenoble, *Mersenne ou la naissance du mécanisme;* Paris, 1943, S. 109-121 mit Verweisen auf die *Quaestiones in Genesim* (Paris 1623); aber auch Bussons

gesamte Einleitung zu seiner Übersetzung des *De incantationibus* ist interessant. Vgl. auch Giancarlo Zanier, *Ricerche sulla diffusione e fortuna del »De incantationibus« di Pomponazzi*, Florenz, 1975.

23 Wünschenswert wäre eine Studie über das Werk *Theophrastus redivivus*; s. dazu T. Gregory, *Erudizione e ateismo nella cultura del Seicento. Il »Theophrastus redivivus«*, Giornale critico della Filosofia Italiana, 51, 1972, S. 194-240.

24 Nifo kommentiert den *Tetrabiblos* (*Ad Apotesmata Ptoleomaei eruditiones*, Neapel 1513), wo er die Debatte mit Pico, die er bereits in der Schrift *De nostrarum calamitatum causis* aus dem Jahr 1505 eröffnet hatte, wieder aufnimmt: »Was Pico sagt, ist, man nehme es mir nicht übel, nichtig« (quod vero Picus ait pace sua nihil est). Besonders einflußreich war seine Schrift *De falsa deluvii prognosticatione*, die sich auf die Konjunktion im Jahr 1524 bezieht (dazu vgl. L. Thorndike, *A History:...*, Bd. V. a.a.O., S. 178-233, der ganz allgemein die Literatur über diese Konjunktion untersucht.) Was Cardano betrifft, genügt es, auf den Kommentar zum *Quadripartitum* hinzuweisen, der von einigen als eine Art Lobrede auf die Astrologie (*Encomium astrologiae*, so der Titel eines Werkes von Cardano; Anm. d. Übers.) gesehen wird. Zu Nifo, s. P. Zambelli, »I problemi metodologici del necromante« A. Nifo, in *Medioevo*, I, 1975, S. 129-171.

25 Alexandre Koyré, *From the Closed World to the Infinite Universe*, New York, 1958, S. 24-27.

26 Marcelli Palingenii Stellati, *Zodiacus vitae*, Lib. XI, »Aquarius« (Basel, 1789), S. 324 (Verglichen mit dem Text der ersten in Venedig erschienenen Ausgabe von Bernardinus Vitalis).

27 *Zodiacus vitae*, XI, »Aquarius«, a.a.O., S. 325.

28 *Zodiacus vitae*, XI, »Aquarius«, a.a.O., S. 329-330: »naturam vero appello, legem omnipotenis/ supremique patris quam prima ab origine mundi/ cunctis imposuit rebus, jussitque teneri / inviolabiter, dum mundi secla manerent. / Nam legem hanc Deus indidit: unde/ quum rebus dant esse, Dei mandata libenter / afficiunt formae et nequeunt hanc fallere legem. / Nempe suis res a formis tales generantur, / quales paecipit qui formas condidit ipsas«.

29 *Zodiacus vitae*, XI, »Aquarius«, a.a.O., S. 330-331: »At coelum vacuum, vacuum coelo esse putatur? / o vacuae potius mentes, quae credite istud! / quippe suos etiam cives habet aether: at astra / singula sunt urbes coeli, sedesque deorum. / Illic et reges, populi inveniuntur et illic, / sed veri reges, populi veri, omnia vera:/ non, velut hic, umbrae simulacraque inania rerum [...]«.

30 Tuve verfaßte die Einleitung zu der Neuauflage der englischen Übersetzung durch Barnabe Googe (New York 1947), die sogar als Textbuch für Schulen eine erstaunliche Verbreitung fand. (Die französische Übersetzung von De La Monnerie, *Le zodiaque de la Vie, ou Préceptes pour diriger la Conduite et les Moeurs des Hommes*, La Haye 1731, folgt dem Versuch einer Übersetzung aus dem 16. Jahrh. durch Scévole de Sainte-Marthe.) Vgl. Frances Yates, *Giordano Bruno*, a.a.O. S. 247ff.

31 *Zodiacus vitae*, XI, »Aquarius«, a.a.O., S. 332-333: »nil / obstat, quin facile huc possint se ferre vel illuc, / et quacumque libet nihil impediente moveri. / Coelicolis etenim tenuissima corpora cunctis / ille auctor mundi dedit, atque levissima: quare / ipsis non opus est foribus, patulisve fenestris: / per medios intrant muros [...]«.

32 Zu Giulio Camillo vgl. ders. *Tutte le opere*, in *Vinegia appresso Gabriel Giolito de Ferrari*, 1552 (u. L. Bosconi, »Eloquenza e alchimia in un testo inedito di Giulio Camillo,« in *Rinascimento*, N.S., 14, 1974, S. 243-267, wo auch »De transmutatione« veröffentlicht ist.) Vgl. ferner F. Secret, »Le cheminement de la Kabbala à la Renaissance. Le Théâtre du monde de G.C.D. et son influence,« in *Rivista critica di storia della filosofia*, XIV, 1959, S. 418-436; F. Yates, *The art of Memory*, London, 1966, S. 129-172. Die Zitate stammen aus dem ersten Band der *Opere*.

33 Was G. Bruno der Schrift Ficinos *De vita coelitus comparanda* verdankt, wurde bereits von seinen Zeitgenossen sehr deutlich gesehen, die ihn sogar des Plagiats bezichtigten, wie durch ein eindrucksvolles Zeugnis von George Abbot zu belegen ist. Dieses wurde 1960 von Robert McNulty aufgefunden, »Bruno at Oxford«, in *Renaissance News*, XIII, 1960, S. 300-305 (u. F. Yates, *Giordano Bruno*, a.a.O., S. 230ff). Zu diesem Punkt vgl. auch A.

Ingegno, »In margine al ›de immenso‹ del Bruno«, in *Rinascimento*, N.S., X, 1960, S. 89-115; und vor allem ders., »Ermetismo oroscopo delle religioni nello ›Spaccio‹ bruniano« in *Rinascimento*, N.S., XVIII, 1967, S. 157-174.

34 Über Kopernikus bemerkt Bodin in seiner Schrift »Methodus« (in den *Oeuvres Philosophiques*, hg. v. P. Mesnard, Paris 1951, S. 200): »Er meinte, daß die Wandlungen von Reichen von dem Zentrum eines kleinen exzentrischen Kreises und den Bewegungen desselben abhingen, wie seine Schüler es beschrieben haben« (imperiorum conversiones ad centrum eccentrici parvi circuli, ejusque motum pertinere judicavit, ut ejus disciluli scripserunt). Und er fügt hinzu: »Kopernikus selbst wagte nicht, dies zu schreiben, aber seine Schüler berichten von diesem Traum als von einer gesicherten und erforschten Wahrheit« (neque id Copernicus scribere ausus est, sed ejus discipuli somnium illud pro re certa et explorata tradiderunt); man sollte jedoch Bodins gesamte Theorie der *Conversiones rerum publicarum* noch einmal dahingehend untersuchen, ob sie sich auf die Gestirne bezieht und wenn ja, auf welche Weise. [»Indem Gott die Gestirne benutzt wie Instrumente ...« (Deo syderibus velut instrumentis utente)], oder, ob sie »aus den pythagoräischen Zahlen« (ex numeris Pythagoricis) abgeleitet wird: die »göttliche Weisheit« (prudentia divina) »hat alles durch eine wunderbare Ordnung, Bewegung, Zahl, Harmonie und Gestalt miteinander verbunden« (res omnes, admirabili ordine, motu, numero, concentu, figura colligavit.)

Abbildungsnachweise

3	Bibliothèque Nationale, Paris
4	Aus: Becker, Udo, *Lexikon der Astrologie*, Freiburg, Basel, Wien 1981, S.231
5/6	Warburg Institute, London
7	Wien, Nationalbibliothek, ms lat. 5327, fol 160 r (15. Jh.)
10	Tübingen Universitätsbibliothek, ms M.d. 2, fol. 268r (1404)
11	Tübingen Universitätsbibliothek, ms M.d. 2, fol. 267r (1452)
12	Musée Condé, Chantilly
13	Warburg Institute, London
16	Warburg Institute, London
17	Musée Jacquemart André, Paris